DRAMES BIBLIQUES

LA NAISSANCE

DE

NOTRE-SEIGNEUR JÉSUS-CHRIST

ET

L'ADORATION DES MAGES

DRAMES BIBLIQUES

PAR

LA SŒUR MARIE F. D. S^te PH.

POITIERS

HENRI OUDIN LIBRAIRE-ÉDITEUR,

rue de l'Eperon, 4.

1858.

LA NAISSANCE

DE

NOTRE-SEIGNEUR JÉSUS-CHRIST

OFFRANDE A L'ENFANT JÉSUS.

Des plus chastes plaisirs, Jésus, source sacrée,
Mon âme, à mon printemps, fut par toi seul charmée.
J'essaye, mais en vain, de dire tes attraits ;
Pourrai-je dans mes vers reproduire tes traits,
Quand des anges du Ciel la lyre est impuissante
A célébrer du Christ la douceur ravisssante?
O Jésus, le plus beau des enfants des mortels,
Jésus, le désiré des parvis éternels,
Je t'offre mon amour avec ce faible ouvrage ;
Et si j'ose à tes pieds déposer mon hommage ;
Si ce tribut, Seigneur, est indigne de toi,
Daigne te souvenir, ô mon auguste Roi,
Que jadis, souriant à leurs simples prières,
Tu reçus des bergers les offrandes légères.
Reçois aussi mes chants, et daigne les bénir ;
Ce bonheur, de mon âme est l'unique désir.

Sr M., F. D. S^{te} PH.

PRÉFACE

—

Si l'usage de faire exécuter de petits drames par
les jeunes pensionnaires peut conduire à quelques
abus, il faut dire aussi que c'est un très-bon moyen
de graver dans leur mémoire des faits intéressants
et de saines maximes ; elles se rappelleront jusqu'à
l'âge le plus avancé les rôles qu'elles ont récités,
et c'est là un grand avantage, surtout quand il s'a-
git de pieuses histoires tirées de l'Ancien et du Nouveau testament ; mais pour réduire ces histoires
en scènes suivies, il faut nécessairement supposer
quelques faits qui peuvent être arrivés, mais que
l'Écriture passe sous le silence. De peur que l'on
ne confonde ces produits de l'imagination avec le
texte sacré, nous allons le transcrire ici d'une manière littérale ; nous y joindrons seulement quelques notes explicatives.

EN SAINT LUC, CHAP. 2.

« Or, il arriva qu'en ce temps-là on publia un édit de César-Auguste, pour faire un dénombrement de toute la terre (1).

» Ce premier dénombrement fut fait par Cyrinus, gouverneur de Syrie.

» Et comme chacun allait se faire enregistrer dans la ville d'où il était sorti,

» Joseph partit aussi de la ville de Nazareth, qui est en Galilée, et vint en Judée à la ville de David, appelée Bethléem (2), parce qu'il était de la maison et de la famille de David (3),

» Pour se faire enregistrer avec Marie, son épouse, qui était enceinte.

» Pendant qu'ils étaient là, il arriva que le temps auquel elle devait enfanter s'accomplit.

» Et elle enfanta son fils premier né; elle l'enveloppa de langes et le coucha dans une crèche, parce qu'il n'y avait point de place pour eux dans l'hôtellerie (4).

(1) Auguste était empereur des Romains, sa domination s'étendait sur presque tout l'univers.

(2) Nazareth est à 30 lieues de Bethléem, Bethléem est à 2 lieues de Jérusalem. Ce mot de Bethléem veut dire *maison du pain*; cette ville s'appelle encore *Ephrata* (fertile ou fructueuse).

(3) Joseph et Marie appartenaient également à la race royale de David, dont les derniers descendants étaient déchus de leur ancienne grandeur. Les prophètes avaient annoncé que le Messie devait sortir de la tribu de Juda, de la famille de David et naître à Bethléem.

(4) Comme dans presque toutes les villes de l'Orient, il y avait à **Bethléem**

» Or, il y avait là, aux environs, des bergers qu' pas-
saient la nuit dans les champs, veillant tour à tour à la
garde de leurs troupeaux (1).

» Et tout à coup un Ange du Seigneur se présenta à
eux, et une lumière divine les environna ; ce qui les
saisit d'une grande crainte.

» Mais l'Ange leur dit : Ne craignez point, car je
viens vous apporter une heureuse nouvelle qui sera pour
tout le peuple le sujet d'une grande joie.

---

une hôtellerie ou *caravansérail* destinée à recevoir les voyageurs ; la pauvreté de la sainte famille fit que personne ne voulut se gêner pour lui faire
place. Ce fut encore, sans doute, cette même pauvreté qui empêcha Joseph
et Marie de trouver asile dans quelque maison particulière de Bethléem ;
quittant donc cette ville inhospitalière, ils cherchèrent un gîte dans la cam-
pagne, et se réfugièrent dans une grotte située au midi à environ deux cents
pas de la ville.

La grotte où le Sauveur est né, existe encore et est creusée dans un roc
tendre, elle a environ 40 pieds de long, sur 12 de large ; on y dit la messe
sur un autel éclairé par 35 lampes.

On se figure quelquefois l'asile de la sainte famille comme une étable
bâtie, c'est une erreur ; mais que le lieu ait servi à loger des animaux, l'É-
vangile est formel à cet égard : « La sainte Vierge coucha son fils dans une
crèche. » Cette crèche était en bois, elle a été portée à Rome ; l'endroit de
l'étable où elle était placée est incrusté de marbre.

Selon les plus anciennes traditions, un bœuf et un âne furent les premiers
courtisans du Christ nouveau-né ; il est très à croire que le bœuf était là chez
lui, et que l'âne avait servi au voyage de la sainte Vierge.

(1) C'est dans une plaine fort agréable, située à un quart de lieue au nord
de Bethléem, que se trouve le village des pasteurs, et dans le fond du vallon,
le champ si célèbre où les bergers faisaient paître leurs troupeaux pendant
la nuit de Noël. On croit qu'ils étaient au nombre de quatre à cinq, et qu'ils
persévérèrent jusqu'à leur mort dans leurs pieux sentiments.

Le village des pasteurs s'appelait la tour d'Adenn ; il est tout naturel de
penser que les bergers portèrent à Marie des présents conformes à leur
condition.

» C'est qu'aujourd'hui, dans la ville de David, il vous est né un Sauveur, qui est le Christ, le Seigneur.

» Et voici la marque pour le reconnaître : Vous trouverez un enfant enveloppé de langes et couché dans une crèche (1).

» Au même instant il se joignit à l'Ange une grande troupe de l'armée céleste, louant Dieu et disant :

» Gloire à Dieu au plus haut des cieux, et paix sur la terre aux hommes de bonne volonté.

» Après que les anges furent remontés au le ciel, les bergers se dirent l'un à l'autre : Allons jusqu'à Bethléem, et voyons ce qui est arrivé et ce que le Seigneur nous a fait connaître.

» S'étant donc hâtés d'y aller, ils trouvèrent Marie et Joseph avec l'enfant couché dans une crèche.

» Et l'ayant vu, ils reconnurent ce qui leur avait été dit touchant cet enfant.

» Et tous ceux qui entendirent ce qui leur était rapporté par les bergers furent remplis d'admiration.

» Or Marie conservait toutes ces choses, les repassant dans son cœur.

» Et les bergers s'en retournèrent glorifiant et louant Dieu de toutes les choses qu'ils avaient entendues et vues, selon qu'il leur avait été dit. »

(1) Marque singulière, en effet, qui suffisait pour faire reconnaître le Sauveur ; quel autre enfant assez pauvre, pour n'avoir pas même un berceau !

LA NAISSANCE

DE

NOTRE-SEIGNEUR JÉSUS-CHRIST.

—

PROLOGUE.

Naturellement ce dialogue devrait avoir lieu à Jérusalem, et la scène représenterait un des appartements du Temple, dont la pieuse Anne ne s'éloignait jamais. Mais comme notre intention est bien plutôt d'instruire les enfants que de donner un spectacle, nous supposons que l'entretien de la prohétesse et de Noémi a lieu à l'entrée de la ville de Bethléem. Sur les deux côtés de la scène, on dispose de la verdure (1) pour représenter des arbres ; de chaque côté aussi, on doit apercevoir une porte : ces deux portes sont celles de deux hôtelleries de Bethléem. Dans le fond de la scène, vis-à-vis le spectateur, est la grotte où se trouve l'étable : cette grotte, pendant les premières scènes, doit être dérobée aux yeux par un rideau. Il est à désirer que le dessus de cette grotte soit assez solide et disposé de manière que les anges puissent monter sans être vus, et y apparaître aux bergers.

La prophétesse ANNE et une Juive mondaine sous le nom
de NOÉMI.

NOÉMI.

Depuis longtemps, on nous annonce la venue du Messie ; les oracles divins sont accomplis, et ce jour

(1) On peut se procurer pour cette verdure des sapins, du buis, de la bruyère, etc.

heureux ne tardera pas à éclairer la terre. Mais vous, fille de Phanuel, qui lisez sans cesse la loi et les prophètes, vous devez avoir sur ce sujet des connaissances plus claires et plus certaines que n'en a le commun des Juifs.

ANNE.

D'après ce que nous enseignent les livres sacrés, l'époque n'est pas éloignée où ce Sauveur, ce Christ promis depuis le commencement du monde, doit venir apporter le bonheur et la paix à toutes les nations de l'univers.

NOÉMI.

Quelle sera donc la ville qui verra naître ce roi si puissant, ce libérateur d'Israël, attendu depuis quatre mille ans ?

ANNE.

Nous lisons dans le prophète Michée : « Et toi, Beth-
» léem, quoique tu sois la plus petite ville de Juda, tu
» seras la plus illustre, car de toi sortira le chef de
» mon peuple. »

NOÉMI.

Ce Christ, ce Sauveur, ce réparateur d'Israël ne sera-t-il pas un homme puissant, un guerrier redoutable, qui nous délivrera de l'oppression de César et nous rendra maîtres de toute la terre ?

ANNE.

L'incomparable Isaïe, dont les lèvres vénérables furent purifiées par un feu céleste, s'exprime ainsi dans ses immortels écrits : « Il a été brisé à cause de nos

» péchés. » Dans un autre passage : « Il n'a plus ni
» grâce ni beauté. Nous l'avons vu si défiguré qu'on
» avait peine à le reconnaître. C'était l'homme de dou-
» leurs, nous l'avons pris pour un lépreux, pour un
» homme frappé de la main de Dieu ; mais il n'a souf-
» fert ces humiliations et ces douleurs qu'à cause de
» nos péchés. » Enfin l'homme de Dieu, pénétrant de
plus en plus à travers les siècles futurs, s'écrie dans
l'élan d'un douloureux transport : « Il se laissera
» conduire à la mort et sacrifier comme un innocent
» agneau. »

NOÉMI.

Le même prophète dit pourtant dans un autre endroit : « Je susciterai mon Christ pour rendre la justice ;
» il rebâtira la ville qui m'est consacrée et renverra
» libres mes captifs sans exiger pour lui ni présents ni
» rançon, » dit le Seigneur Dieu des armées. Plus loin,
nous trouvons que ce petit enfant nouveau-né portera
sur son épaule la marque de sa royauté, que son empire
s'étendra de plus en plus, et que la paix qu'il établira
n'aura point de fin Voilà donc ce qui semblerait nous
prouver que véritablement le Messie sera un roi puissant, aussi intrépide que David, et plus riche que
Salomon.

ANNE.

Tout cela s'accomplira, mais non pas d'une manière
terrestre. Ce n'est pas comme un prince de la terre que
le Sauveur régnera sur nous, mais par l'empire immor-
tel de son amour qu'il établira sur nos âmes pour les
rendre à jamais heureuses.

Air : Sainte Eucharistic.

Céleste empyrée,
Répands ta rosée!
La terre charmée
Verra son Sauveur!

Toutes les deux.

Venez, venez, divin Rédempteur.

NOÉMI.

Je ne comprends réellement rien à tout cela. Je m'étais imaginé qu'après cet avénement mystérieux, nous serions riches, craints et honorés des autres hommes, que les sujets fidèles de ce roi sans pareil habiteraient des appartements somptueux, qu'ils auraient des tables splendides et des habits précieux. Je me voyais déjà une robe de pourpre, des bracelets d'or, des pendants d'oreilles magnifiques et un manteau tout éclatant de pierreries.

ANNE.

Nouvelle Dina (1) volage !... Il ne manquerait plus à votre ambition que la couronne et le sceptre impérial.

NOÉMI.

Suis-je donc si grandement éloignée de la vérité ? Convient-il que les enfants du peuple de Dieu, qui devraient être les princes de la terre, restent dans la simplicité commune, à laquelle on reconnaît à peine des esclaves.

______
(1) Fille de Jacob enlevée par le fils du roi de Sichem.

ANNE.

Eh quoi ! chère Noémi, les adorateurs du Dieu de Jacob ne différeraient-ils des partisans de Baal que par de vains ornements, que le Seigneur réprouve, aussi bien que l'orgueil, qui est le principe de tout mal. Arrachez de votre cœur ces pensées frivoles. A Dieu seul, honneur et gloire. Quant à nous, il faut nous abaisser sur la terre, si nous voulons être exaltées dans le sein d'Abraham.

NOÉMI.

J'admire vos maximes, mais je ne puis m'empêcher de vous dire que cette morale sévère ne convient pas à tout le monde. Je comprends qu'à votre âge, et cachée dans le sanctuaire, on puisse avoir ces pensées et ces vertus parfaites ; mais quittons ces réflexions qui ne me reviennent pas. Interrogeons encore les prophètes sur le grand sujet qui nous occupe.

ANNE.

La bouche inspirée de David a dit aussi en parlant du Christ : « Ils ont percé mes mains et mes pieds ; ils ont compté tous mes os. »

NOÉMI.

S'il en est ainsi, David annonce un triste sort à l'héritier de sa couronne. Ah ! vraiment, un Sauveur comme cela, je ne le désire plus tant. Il n'est question que d'humiliations et de souffrances, pas du tout de gloire et d'honneur.... Ce n'est pas cela que je me figurais.

ANNE.

Pour moi, j'attends avec impatience le jour où je

pourrai me prosterner d. vant celui qui viendra, comme Dieu nous l'a promis, briser la tête du serpent infernal et détruire l'empire du démon.

NOÉMI.

C'est là un grand avantage, j'en conviens ; mais s'il n'est ni riche ni puissant, nous n'en serons pas moins aussi pauvres après qu'avant.

ANNE.

Mais, mon amie, convenez donc avec moi que le Messie peut nous apporter des biens plus solides et plus parfaits que les richesses périssables de la terre.

NOÉMI.

Quand on pense à tout cela, c'est vrai, mais peu agréable.

ANNE.

Vous êtes une Israélite toute charnelle, vous ne pensez qu'aux plaisirs de la vie, point du tout à votre âme.

NOÉMI.

Je ne suis pas la seule dans mes idées. Beaucoup d'Hébreux à Jérusalem et dans toute la Judée partagent mes sentiments.

ANNE.

Qu'ils cherchent donc des prophéties qui s'accordent avec leurs pensées matérielles. Ils attendront en vain un Messie tel qu'ils le désirent.

(Noémi se retire.)

ANNE, *seule.*

O Dieu d'Abraham, d'Isaac et de Jacob, faites éclore

cette fleur merveilleuse de la tige de Jessé. Envoyez cet
agneau dominateur qui doit réparer le monde. Faites
luire parmi nous cette lumière céleste qui dissipera
les ténèbres de l'idolâtrie.

Air : Qu'ils sont aimés, grand Dieu, tes tabernacles !

Ah ! que ne puis-je, à sa première aurore,
Voir cet enfant qu'appellent tous les vœux.
Déjà ma foi le contemple et l'adore,
Je l'aperçois, ce Dieu mystérieux !...

Oui, je le sais, par la voix du prophète,
Il naîtra pauvre et dans l'obscurité,
Vivra caché dans une humble retraite,
Prenant sur lui l'humaine infirmité !

Hélas ! mon Dieu, non, sans toi, rien n'efface
De nos péchés l'effroyable laideur,
O Saint des Saints, ton adorable face
Ne peut souffrir le regard du pécheur.

Cruel malheur, notre âme est donc bannie
De ce séjour magnifique des cieux !
Viens au plus vite, adorable Messie,
Hâte tes pas, descends en ces bas lieux,

Tout Israël, en proie à la souffrance,
Lève vers toi ses regards suppliants.
Divin Sauveur, notre unique espérance,
Viens délivrer tes malheureux enfants (1).

(Anne se retire.)

(1) Il n'est pas besoin de dire qu'on peut changer les airs indiqués ou même
ne réciter que les couplets que l'on ne pourrait chanter.

PERSONNAGES.

—

La sainte Vierge.

Saint Joseph.

Jocabel, première hôtesse.

Bala, seconde hôtesse.

Rachel, fille de Jocabel.

Annette, villageoise.

Anges.

Bergers et Bergères.

Personnages allégoriques.

NAISSANCE

DE

NOTRE-SEIGNEUR JÉSUS-CHRIST.

SCÈNE Ire.

MARIE et JOSEPH demandant l'hospitalité; deux HOTELIÈRES
et RACHEL fille d'une hôtelière.

Marie est vêtue d'une robe blanche et voilée, elle a un manteau bleu ou vert; Joseph est coiffé d'un turban, il a une grande
robe et un manteau de couleur sombre. Joseph et Marie ont
des touffes violettes à leur manteau selon l'usage des Israélites.

JOSEPH.

Air : Partant pour la Syrie.

Vous souffrez, ô Marie !
De ce froid si piquant ;
Ma compagne chérie ,
Cherchons un logement.

MARIE.

Implorons l'assistance
Des hôtes de ces lieux ;
Et pour leur bienfaisance ,
Dieu comblera leurs vœux.

JOSEPH.

(Il frappe du bâton qu'il tient à la main la porte d'une des hôtelleries.)

[*Air :* Encor moi, toujours moi, Marie.

Bonne âme, dans notre misère,
Ah ! nous avons recours à vous ;
Ecoutez notre humble prière,
Et pour cette nuit logez-nous.
Il faut bien peu pour l'indigence,
Un lit de paille lui suffit,
Jusqu'à demain, par bienveillance,
Prêtez-nous un pauvre réduit.

L'HOTELIÈRE, *entr'ouvrant sa porte.*

Air : Le monde en vain.

Allez, allez, allez, troupe importune,
Eloignez-vous vite de cet hôtel ;
Bien loin, vraiment, d'augmenter sa fortune,
Dans son sommeil vous troublez Jocabel ;
Depuis un mois, je travaille sans cesse
Pour recevoir de nobles voyageurs ;
Qu'en paix au moins cette nuit l'on me laisse ;
Allez plus loin déplorer vos malheurs.

RACHEL, *petite fille de l'hôtelière.*

Bonne mère, logeons ces pauvres voyageurs;
Ils ne pourraient du froid supporter les rigueurs.
Logeons-les dans un coin, dans le dernier étage.
Ah! je les aperçois ! Oh! maman, quel dommage !

Un vieillard vénérable et blanchi par le temps,
Soutient sa jeune épouse ; elle a, je crois, seize ans.
Son front candide et pur est baissé vers la terre,
Ses yeux levés au ciel sont voilés par les pleurs.
Mais, sur votre refus, pas une plainte amère,
Ils semblent prononcer une ardente prière !!!
     Pitié ! pitié ! pour leurs douleurs.

L'HOTELIÈRE.

Ainsi donc, selon toi, pour chaque misérable,
Je devrais tous les jours, gratis, dresser la table ;
Personne en mon logis n'entrera sans argent ;
Je te l'ai dit cent fois, trop importune enfant,
     Suis les conseils que je te donne ;
Ou tu seras sans gîte et réduite à l'aumône,
     Je suis lasse à n'y plus tenir.

RACHEL.

     O bonne mère, allez dormir,
     Et moi seule en prendrai la peine ;
     Dites que oui, je cours, je les amène…
Ah ! vraiment on dirait deux anges du Très-Haut.

L'HOTELIÈRE.

Je parlerai plus fort, Rachel, puisqu'il le faut ;
Ne vous avisez plus d'en agir de la sorte ;
M'entendez-vous, Rachel ? fermez, fermez la porte.
   (Joseph et Marie vont frapper à une autre porte.)

JOSEPH.

Air : Encor moi, toujours, etc.

    De grâce, soyez attendrie,

Et contre la rigueur du temps,
Veuillez, ah ! je vous en supplie,
Nous protéger en ce moment.
Quel froid cruel ! la faim nous presse
D'implorer votre charité ;
Hélas ! voyez notre détresse,
Donnez-nous l'hospitalité.

2e HOTELIÈRE, *entr'ouvrant sa porte.*

Air : Du petit matelot.

Oui bien ! pour vous user ma toile,
Donner mon pain, brûler mon bois ;
Pauvres gens, à la belle étoile
Allez-vous loger cette fois.
J'ai vraiment d'autres équipages
A loger dans ces heureux jours
Ces aventuriers en voyage
Viennent me tourmenter toujours.

(Joseph et Marie se retirent lentement, et reviennent sur le milieu de la scène.)

JOSEPH, *en regardant le ciel.*

Air : Par les chants les plus magnifiques.

Du ciel la voûte est obscurcie,
Au jour a succédé la nuit ;
Hélas ! que ferons-nous, Marie ?
Je suis bien en peine aujourd'hui ;
O Dieu ! ma douleur est extrême
De ne pouvoir vous secourir,
La peine n'est rien pour moi-même ;
Mais faut-il vous voir tant souffrir ?

MARIE.

Air : Quoi, dans les temples de la terre !

Appuyés sur la Providence,
Soyons calmes et satisfaits ;
Le Dieu qui fait notre espérance
Veille sur nous, soyons en paix,
Sa main puissante nous dirige ;
Le froid, les vents lui sont soumis,
Et, s'il le faut, par un prodige
Il délivrera ses amis.

(Joseph et Marie font quelques pas d'un air embarrassé.)

SCÈNE II.

JOSEPH et MARIE sur le chemin, sont accostés par ANNETTE,
pauvre femme des environs de Bethléem.

LA BONNE FEMME.

Où allez-vous donc, mes pauvres **gens,**
Par un si mauvais temps ?
Il fait un froid cruel, cette nuit est glacée.

JOSEPH.

Nous confiant en sa bonté sacrée,
Nous allons à la garde de Dieu,
Tous les hôtels sont remplis en ce lieu.

LA BONNE FEMME.

Ah ! combien je regrette
De ne pouvoir vous recueillir chez moi !
Hélas ! mon Dieu, la pauvre Annette
Possède à peine un lit à soi.

Encor, si vous étiez plus près de mon village,
Je prierais tant pour vous ceux de mon voisinage.
Vous ne pouvez vous soutenir :
O ciel ! qu'allez-vous devenir ?

JOSEPH.

Dans les rochers quelquefois la nature
Fournit une retraite sûre,
Si vous en connaissiez quelqu'une sans danger,
Nous serions trop heureux de nous y retirer.

LA BONNE FEMME.

Noble fils d'Abraham, que le ciel nous entende,
Qu'un ange du Très-Haut pour vous guider descende,
Je connais depuis longtemps
Une chétive étable ouverte à tous les vents.

JOSEPH.

Cela nous suffit bien, nous en serons contents.

LA BONNE FEMME.

Chers anges du Seigneur, ô famille bénie,
Par le froid, par la faim, votre face est pâlie ;
Eh bien ! à quelques pas,
Mes chers amis, voyez là-bas,
Dessous cette roche vieillie,
Est le pauvre réduit,
Où vous pourrez passer la nuit.

MARIE.

Pour prix de votre bienveillance,
Que Dieu même vous récompense ;

Merci de votre charité,

Nous n'oublierons jamais votre bonté.

(Joseph et Marie se retirent, et passent derrière le rideau qui cache l'étable).

SCÈNE III.

Plusieurs ANGES, PERROT, ROBIN, BERGERS, etc.

Quelques instants après le départ de Joseph et de Marie, un ange apparaît au-dessus de l'étable. A son apparition, il se fait un vif éclat de lumière (1). Un berger sort de la verdure à côté de la scène. Les jeunes filles peuvent être habillées en bergères avec de larges chapeaux de paille, de grandes robes et des ceintures, n'oubliez pas les houlettes.

LE BERGER.

Au feu, au feu ! amis, éveillez-vous, pasteurs ;

Nos ennemis, ou de méchants voleurs

Ont mis le feu partout dedans nos bergeries.

Voyez-en les reflets au loin sur nos prairies.

(Plusieurs bergers entrent des deux côtés de la scène.)

L'ANGE, *avec un geste de la main.*

Ne craignez point, car je viens vous annoncer une heureuse nouvelle, qui causera une grande joie à tout le peuple. C'est qu'il vient de naître dans la ville de David un Sauveur, qui est le Christ, le Messie, et ce qui vous le fera connaître, c'est que vous trouverez un enfant enveloppé de langes, et couché dans une crèche.

______

(1) On peut produire cet éclat avec de la poudre à tirer mêlée d'encens, à cause de l'odeur, ou avec de la poussière de licopodium.

1**

Plusieurs autres anges se joignent au premier, et quand celui-ci a fini de parler, ils chantent tous ensemble sur le ton solennel de l'Église : *Gloria in excelsis Deo ; et in terra , pax hominibus bonæ voluntatis.* Puis ces mêmes anges commencent le chant suivant :

Air : J'entends là-bas dans la plaine.

Le Roi divin de l'Empyrée
Est descendu du haut des cieux,
Dans une étable abandonnée
A pris naissance en ces bas lieux.

Gloria in excelsis Deo.

Gloire à ce Dieu plein de clémence,
Qui vient se faire homme pour vous,
Et pour louer sa bienfaisance,
Mortels, répétez avec nous.

Gloria, etc.

(Les bergers répètent le refrain avec les Anges.)

Bergers , allez en diligence,
Adorer ce divin Sauveur.
Prosternez-vous en sa présence,
Et donnez-lui tout votre cœur.

Gloria, etc.

Pasteurs à l'âme droite et pure,
Au cœur de bonne volonté,
Le ciel vous promet sans mesure
La paix et la félicité.

Gloria, etc.

(Les Anges disparaissent.)

UN BERGER *s'écrie :*

Çà, ne perdons pas un moment,
Amis, courons tous à l'instant
Réveiller notre voisinage
Hé ! hé ! réveillez-vous, pasteurs.
Apprenez notre grand bonheur,
Courons tous à l'heureux village
Où vient de naître le Sauveur.

UN AUTRE BERGER, *qui dormait sur la bruyère, sort du*
feuillage.

Quoi donc ! qui vient ainsi me réveiller ?
En paix, ne puis-je au moins un instant sommeiller ?
Il s'en faut de moitié que la nuit soit finie.
Le loup est-il entré dedans la bergerie ?
Pour le chasser bien loin de ce hameau,
Debout, Jacquet, cours détacher Rougeau.

ROBIN.

Perrot, quiarche ton chalumea,
Plantes m'iqui tous tes agneas,
Et t'en vains oques nous :
Vains voy quicque chouse de bea
Que j'allons voy tretous.

In Onge avecque dau plumet,
Vaint de m'avreti qu'à minet
O l'est né chez Golas,
Sus de la paille, dans son tet,
Dau enfants le pu bea.

Allons quérir quiau doux Poupon,
Gle mérite bay qui courgeons,
   Car glest, se disant-ail,
Le Ras dau Ceaux que j'attendons,
   Et dau bon Dieu le Fail.

PERROT.

Oui, mais velat men embarras ;
Que dire quand je srons là-bas,
   Pre netre complimont ?
Sça, Robin, que diras-tu, tas,
   Quand tu voiras l'infont ?

ROBIN.

Y l'y dirai : Mon bon Seigneur,
Ayez, so plaît, pitié de nous :
   Ah ! qui srions ravis
De voy le Maître de tretous
   Dans un pu bea logis.

TOUS LES AUTRES BERGERS *ensemble.*

Ah ! jarly t'ay le plus savant,
Et bay, Robin, marche devant
   Et parle pre tretous ;
Qui crayet que t'en sçava tant?
   Tay bay pus fin que nous (1).

(1) Ce chant est tiré des noëls de Poitiers.—Si ce jargon poitevin n'est pas compris dans quelques pays on peut le remplacer par les paroles suivantes :

   Pierrot cherche ton chalumeau,
   Laisse-moi là tous tes agneaux
   Viens vite avecque nous
   Pour voir quelque chose de beau
   Que nous allons voir tous.

ROBIN.

Il ne faut pas, amis, dans notre empressement,
Oublier de porter chacun notre présent,
Et pour les préparer, courons tous à l'instant.
Portons nos blancs moutons, nos douces tourterelles.
Est-il rien sous nos toits d'assez beau, d'assez grand
Pour celui qui descend des splendeurs éternelles

Un ange brillant de rubis
Vient de m'avertir qu'à minuit,
  Il est né chez Jacqueau,
Sur la paille faute de lit,
  Des enfants le plus beau.
Allons chercher ce doux poupon,
Il mérite que nous courions :
  Selon tous les récits,
C'est le roi que nous attendons,
  Et du bon Dieu le fils.

PIERROT.

Oui, mais voilà mon embarras :
Que dire quand nous serons là-bas,
  Pour notre compliment ?
Ça, Robin, que diras-tu toi
  Quand tu verras l'enfant ?
Je lui dirai : Sauveur si doux,
De grâce ayez pitié de nous ;
  Que nous serions ravis
De vous voir, notre maître à tous,
  Dans un plus beau logis !

TOUS LES BERGERS *ensemble.*

Oh ! vraiment t'es le plus savant :
Eh bien, Robin, marche devant,
  Et parle pour nous tous.
Qui croirait que t'en savais tant ?
  T'es ben plus fin que nous.

Et qui se fait pour nous pauvre petit enfant?
Pasteurs, n'oublions pas nos hautbois, nos musettes,
    Pour célébrer la plus belle des fêtes.
(Tous les bergers s'en vont.)

SCÈNE IV.

LA SAINTE VIERGE ET SAINT JOSEPH.

On écarte entièrement le voile qui cache l'étable; l'Enfant Jésus (1) paraît couché dans la crèche. La sainte Vierge est placée d'un côté, saint Joseph de l'autre; ils sont tous deux à genoux.

LA SAINTE VIERGE.

Air : L'encens divin.

Je vous adore, ô fils incomparable,
O Dieu d'amour, mon Sauveur et mon Roi;
Que mon bonheur est grand, inestimable!
Mortels heureux, joignez-vous tous à moi.
        Chœurs séraphiques,
        Brûlants d'amour,
        Dans vos cantiques,
        Célébrez ce beau jour.

SAINT JOSEPH.

Récitatif.

O mon Sauveur, mon Dieu, je vous adore,
Ma bouche est sans parole, et ne peut de mon cœur

(1) Il n'est pas besoin de dire que l'Enfant Jésus est représenté par une belle poupée. Si on le peut, il faudrait faire paraître au moins les têtes du bœuf et de l'âne.

Exprimer les transports, l'excès de son bonheur !
Véritable soleil, sans déclin, sans aurore,
Qu'entourent à l'envi les célestes esprits,
Je ne suis devant vous qu'une vile poussière,
Vous daignez m'honorer du nom de votre père,
Je vous embrasse, ô mon auguste fils.

SCÈNE V.

(On entend dans le lointain le chant des bergers qui arrivent peu à peu sur la scène.)

ROBIN, *commence.*

Allons donc, bergers, il est temps,
Allons lui porter nos présents,
Et lui faire la révérence ;
Voyez comme Janot y va ;

TOUS LES BERGERS.

Suivons-le tous en diligence,
Et nos troupeaux,
Et nos troupeaux, laissons-les là.

Charlot lui porte un agnelet,
Son petit-fils un pot de lait
Et deux moineaux dans une cage ;
Robin lui porte du gâteau,
Pierrot du beurre et du fromage,
Et le gros Jean,
Et le gros Jean un tourtereau.

ROBIN, *seul*.

Pour moi, puisque ce Dieu Sauveur
Doit un jour être aussi pasteur,
Je veux lui donner ma houlette,
Ma panetière avec mon chien,
Mon flageolet et ma musette,
Et mon sifflet,
Et mon sifflet, s'il le veut bien (1).

(Quand Robin a fini ce couplet, les bergers doivent être arrivés sur le devant de la scène ; au même moment, du côté opposé, sort une jeune fille qui fait le tour des bergers en chantant.)

Où courez-vous, chers pasteurs?
Vous êtes bien gais, me semble;
N'entends-je point vos flûteurs,
Qui d'accord chantent ensemble :
Lantirelir, lantirelir lanla ;
Qui d'accord chantent ensemble:
Si, ut, ré, mi, fa, sol, la !

Est-il quelque noce ici,
Qui réveille l'allégresse?
Bergers, j'en veux être aussi,
Pour dissiper ma tristesse,
Lantirelir, lantirelir lanla ;
Pour dissiper ma tristesse,
Si, ut, ré, mi, fa, sol, la... (2).

LES BERGERS , *répondent :*

Air : Silence, ciel ; silence, terre.
Ignorez-vous que le Messie,

(1) Ce chant est tiré du recueil des Noëls de Poitiers.
(2) V. le Noël de Nantes.

Le Fils de Dieu, le Roi des cieux,
Est descendu dans ces bas lieux?
Et nous allons, l'âme ravie,
    L'adorer en ce jour,
    Et pour toute notre vie,
Lui donner nos cœurs, notre amour.   (*Bis.*)
(En lui faisant signe de la main.)
    Venez, venez, jeune étrangère,
    Joignez-vous à nos doux concerts,
    Le roi divin de l'univers
    Vient nous apporter sur la terre
      La paix en ce beau jour ;
      Courons vers ce tendre frère,
    Lui donner nos cœurs, notre amour.   (*Bis.*

Pendant ce dernier chant, tous ont dû arriver à la crèche.

La jeune fille suit les bergers. Tous se placent sur deux lignes égales, de chaque côté de la crèche, et viennent successivement offrir leurs présents, chacun chante seul son couplet, tous reprennent le refrain. Joseph reçoit les présents.

Pour chanter son couplet d'offrande, on se met à genoux devant l'Enfant Jésus.

PREMIER BERGER, *offrant un agneau.*

Air : Toujours, toujours, lorsque de mon baptême.

En ce beau jour le plus doux de ma vie,
Ah ! c'est bien vous que je vois, mon Sauveur !
Roi d'Israël, admirable Messie,
Je vous adore et vous donne mon cœur.
Fils de David, objet de notre attente ;
Enfant divin, si ravissant, si beau,
Vous aimerez ce que je vous présente ;

C'est comme vous un innocent agneau,
Vous aimerez ce que je vous présente.

TOUS LES BERGERS.

C'est comme vous un innocent agneau.

UN PETIT BERGER, *offrant un gâteau.*

Air : Jésus est mon amour.

Recevez ce gâteau,
Mon adorable frère ;
Jésus si doux, si beau,
Donnez-moi sur la terre
L'amour,
Votre divin amour,
Et la nuit et le jour.

(Tous reprennent.)
Votre divin amour,
Et la nuit et le jour.

UNE PETITE BERGÈRE *offrant une tourterelle.*

Air : Vive Jésus !

Enfant Jésus, reçois ma tourterelle,
Enfant Jésus, moi je n'ai rien de plus ;
Fais qu'à tes yeux mon âme toujours belle,
En gémissant te réclame et t'appelle.

(Tous reprennent.)
Enfant Jésus,
Enfant Jésus.

UNE BERGÈRE, *offrant un pot de lait.*

Air : J'aime Marie.

Heureuses sœurs, que notre joie est grande !

Nous contemplons ce gracieux enfant.
Je veux aussi présenter mon offrande :
Un pot de lait sera tout mon présent.

Vous le savez, dans cette vie amère,
Hélas ! combien nous souffrons de douleurs !
Ah, répandez sur nos maux, tendre frère,
Le lait sacré de vos saintes douceurs.

ROBIN *offre sa houlette.*

Air : Mère de Dieu, du monde souveraine, etc.

Je vous supplie, acceptez ma houlette,
Divin Jésus, véritable pasteur,
Mon cœur l'a dit, ma voix vous le répète
Avec transport, ô mon Dieu, mon Sauveur :
Sous votre houlette,
Bon pasteur,
Joie et paix parfaite,
Vrai bonheur.

(Tous reprennent.)
Sous votre houlette, etc.

LA JEUNE FILLE *offre une mante.*

Air : Un soir d'automne assis, etc.

Reçois les vœux de la pauvre Egyptienne
Céleste enfant ;
Mon doux Sauveur, ah, permets qu'elle vienne,
En ce moment,
T'offrir ses vœux, son cœur et sa prière
Et son amour ;
Elle est à toi, mon Jésus, tout entière

Dans ce beau jour,
Oui, dans ce beau jour.
Hélas! Seigneur, dans ce lieu misérable
Où je te vois ;
O mon Sauveur, dans cette obscure étable
Il fait si froid ;
Pour te couvrir, accepte mon offrande
Sans plus tarder ;
Mon seul désir, mon unique demande
Sont de t'aimer,
Oui, sont de t'aimer.

Quand l'Egyptienne a fini, on entend une autre troupe de bergères qui arrivent en chantant.

La première de cette troupe est une mère de famille qui tient un panier de légumes sous son bras, et qui file sa quenouille. Ses filles la suivent portant chacune leur présent; lorsqu'elles sont près de la crèche, les premiers bergers s'éloignent pour leur faire place, et cette seconde troupe se range des deux côtés, et vient offrir ses présents comme la première.

CHANT DES BERGÈRES.

Air connu.

Puisqu'à la divine naissance,
Le ciel est en réjouissance,
Pourquoi ne chanterions-nous pas :
Vive un Dieu qui naît ici-bas !
Que tout entonne alleluia.   (*Bis.*)
Les oiseaux des bois et des plaines,
Pour chanter, forcent leur haleine.
Pourquoi, etc.

Tous les bergers de nos campagnes
Chantent, sautent sur les montagnes.
        Pourquoi , etc. (1)

(La mère de famille dépose son panier auprès de saint Joseph
et chante.)

Air : Vers l'autel de Marie.

Tout aimable Messie,
Je t'adore en ce jour ;
Jésus, grâce infinie ,
Donne-nous ton amour.

TOUTES.

Donne, donne-nous ton amour.
    Oui , ma famille entière
    Est à toi sans retour,
    Reçois notre prière,
    Donne-nous ton amour.

TOUTES.

Donne , etc.

1re BERGÈRE , *offrant un berceau*

Récitatif.

Les animaux ont leur tanière ,
Et les petits oiseaux leur nid ,
Mais le Fils de Dieu sur la terre ,
Au premier jour n'a pas un lit :
Couché sur la paille grossière,

(1) V. le Noël de Poitiers.

Point d'autre abri que le rocher,
Sans une céleste lumière,
Qui viendrait ici vous chercher ?
Pour moi qui suis dans le village
La plus pauvre, hélas ! je ne puis
Vous donner, avec mon hommage,
Que ce petit berceau sans prix.

2e BERGÈRE, *offrant des langes.*

Air : On voyait dans le bon vieux temps, etc.

Roi suprême, ô céleste enfant,
    Créateur de la terre,
Recevez ce petit présent,
    D'une pauvre bergère ;
  Pour vous, mon divin Jésus,
  Hélas ! je n'ai rien de plus,
    J'offrirai ces deux langes
Pour réchauffer mon doux Sauveur ;
    Un couplet de louanges,
    Mon amour et mon cœur.

TOUS REPRENNENT.

Un couplet de louanges, etc.

3e BERGÈRE, *offrant un coussin.*

Air : Du haut, du haut du céleste séjour.

Mon doux Jésus, ah ! recevez
Ce coussin, ma légère offrande ;
O mon seul amour, souriez,
Dans cet instant à ma demande :

Que mon cœur brûlant de ferveur,
Orné des fleurs de l'innocence,
Soit la couchette où mon Sauveur
Se repose avec complaisance.

4ᵉ BERGÈRE, *offrant une robe.*

Air : Dans cette étable.

Grâce ineffable,
Puis-je en croire mes yeux ?
Sauveur aimable,
Doux monarque des cieux,
Dans ce pauvre réduit,
Vous souffrez aujourd'hui,
Et votre amour extrême
Me pénètre et me dit :
C'est pour toi-même.

Prenez de grâce
Ce petit vêtement,
Que rien n'efface
Ce souvenir touchant.
O ravissant Jésus,
Mon âme est sans vertus,
Donnez-lui la parure
Que vous aimez le plus,
Rendez-la pure.

5ᵉ BERGÈRE, *offrant un bonnet.*

Air : Elle a sonné l'heure des saints cantiques.

Dans cette humide et sombre bergerie,
Du froid cruel tu souffres les rigueurs :

Je veux au moins, divin Fils de Marie,
Par mon amour alléger tes douleurs ;
Et sur ce front où la grâce respire,
Ce front sacré, miroir de ta douceur,
Ah ! permets-moi ce que mon cœur désire,
De déposer ce présent, mon Sauveur.

Mais, comment puis-je, ô beauté ravissante,
Te présenter ce modeste réseau,
Quand je le sais, sur ta tête charmante,
Devrait briller le plus riche bandeau?

TOUTES CHANTENT.

Pour composer, ô Jésus, ta couronne,
Pour diamants, nous t'offrons tous nos cœurs,
En ce beau jour notre amour te les donne ;
Ah ! rends les purs, purs, comme un lis en fleur.

6ᵉ BERGÈRE, *offrant un lis.*

Air : J'ai douze ans, etc.

Le jasmin, la rose embaumée,
N'ont pu résister aux frimas ;
Mais le beau lis de la vallée,
Jésus, ne se flétrira pas.
Et moi dans ce lieu solitaire,
Attirée à sa douce odeur,
J'ai trouvé le Dieu de mon cœur,
Mon Sauveur, mon aimable frère ;
Quel bonheur, quel bonheur !
Voilà l'emblème,
Que Jésus aime,
Je le lui donne avec mon cœur, avec mon cœur.

SCÈNE VI.

LES PRÉCÉDENTS, LES HOTELIÈRES ET RACHEL.

Les jeunes personnes qui représentaient les hôtelières trouvaient dur de n'avoir que des outrages pour la sainte famille; on leur a ménagé cette scène de retour; elles viennent l'air humilié et contrit, s'avancent entre les deux rangs de bergères, se mettent à genoux, et chantent ensemble.

Air : Qu'ils sont aimés.

Pardon, Marie, ô pardon, Vierge sainte,
Pardon, Joseph, de nos cruels rebuts,
Ah! laissez-nous, dans cette auguste enceinte,
Gémir aux pieds de votre doux Jésus

Hélas! Seigneur, notre adorable maître,
Nous méritons votre juste courroux,
Et nous n'osons devant vos yeux paraître;
Grâce, mon Dieu, grâce ! pardonnez-nous.

Venez, venez, ô famille sacrée,
Sous notre toit vous loger en ce jour;
Quittez, quittez cette étable glacée :
Nos cœurs, nos biens, sont à vous sans retour

RACHEL.

Air : Oui, je l'entends, ta voix m'appelle.

Jésus, douce fleur matinale,
Vous charmez mon cœur et mes yeux,
Et votre beauté virginale
Efface la splendeur des cieux

O joie, ô sublime allégresse !

Je le vois mon libérateur !

Mais , ô mon Dieu, dans mon ivresse

Quels pensers affligent mon cœur !

Triste, confuse et désolée,

Les yeux vers la terre baissés,

Ma mère, à vos pieds prosternée,

Implore en ce jour vos bontés.

Voyez la douleur qui l'accable :

Ne la rejetez pas... oh ! non.

Pardon, pardon. famille aimable ;

Pour ma mère pardon, pardon.

Ce chant fini, les hôtelières se rangent avec les bergères.

SCÈNE VII.

(On voit arriver trois jeunes personnes, représentant les principales vertus religieuses : toutes trois sont voilées. La Pauvreté est vêtue de brun , et porte sur la tête une couronne d'épines et de feuilles vertes, et une besace sur son épaule. La Chasteté est habillée de blanc, sa couronne, et le bouquet qu'elle tient à la main , sont de fleurs blanches. Les vêtements de l'Obéissance sont noirs ou violets, sa couronne est de feuilles dorées, et elle porte suspendue au bras gauche une petite chaîne qu'elle remet entre les mains de l'Enfant Jésus.)

LA PAUVRETÉ.

Air : O Jésus, Sauveur admirable.

La pauvreté vous est si chère

Qu'elle est l'objet de votre choix !

Dans la plus affreuse misère,

Vous naissez faible enfant pour moi ;

Céleste époux, aimable frère,
Je suis pauvre, aussi, quel bonheur !
Et je n'ai rien, rien sur la terre
A vous donner, rien que mon cœur.

LA CHASTETÉ.

Même air.

Votre regard si doux, si tendre,
Agneau d'innocence et d'amour,
A mon cœur fait si bien comprendre,
Qu'il doit vous payer de retour ;
Céleste époux, aimable frère,
Beauté qui charme les élus,
Je n'aime rien, rien sur la terre,
Rien que vous, mon divin Jésus.

L'OBÉISSANCE.

Même air.

O prodige, ô merveille extrême !
Pour moi, quel exemple touchant!
C'est mon Dieu que je vois lui-même,
Humble, soumis, obéissant.
Céleste époux, aimable frère,
Non, non, je ne m'appartiens plus,
Je ne veux rien, rien sur la terre,
Que la volonté de Jésus.

(Lorsque ces trois personnages allégoriques ont fini, il en paraît un quatrième, représentant la Pénitence ; elle est vêtue de noir et voilée, elle se met à genoux assez loin de la crèche, et chante ce qui suit)

Air : Seigneur, Dieu de clémence.

Je voudrais, mais je n'ose,
Approcher mon Sauveur;
Mes péchés sont la cause
De ce cruel malheur.
Mon âme est misérable,
Pleine d'iniquité :
Mon Jésus adorable,
J'implore vos bontés.

LA SAINTE VIERGE *répond.*

Air : Qu'une âme est infidèle.

Par ma voix, il t'appelle,
Ton offense n'est plus;
Approche, et sois fidèle
A n'aimer que Jésus.
Ton repentir sincère
L'a touché dans ce jour,
Il reçoit ta prière,
T'accorde son amour.

LA PÉNITENTE *reprend.*

Air : Seigneur, Dieu de clémence.

O Jésus, ô Marie,
Voyez mon repentir :
Que désormais ma vie
S'emploie à vous servir.
Il est encor des charmes
Pour le pauvre pécheur,

Quand il répand des larmes,
Aux pieds de son Sauveur.

(La Pénitente se relève, et tous les bergers chantent ensemble
ce couplet, qui est la conclusion.)

Air : J'aime Marie, etc.

Pauvres bergers, habitants des campagnes,
Nous vous offrons de bien simples présents ;
Mais dans nos bois, nos vallons, nos montagnes,
Nous publierons votre nom, saint Enfant.

Nous chanterons votre insigne clémence,
De vos attraits les célestes douceurs ;
Et, chaque jour, notre reconnaissance
Va vous bénir et vous gagner des cœurs.

L'ADORATION

DES MAGES.

PRÉFACE

—

L'Évangile dit seulement que les Mages vinrent de l'Orient en Judée , sans parler de ce qui précéda leur départ ; il est évident que ces pieux rois durent trouver beaucoup d'obstacles dans les conseils de la sagesse humaine et dans les plus chères affections de famille ; c'est ce qu'on a voulu représenter dans le premier acte de ce petit drame. Dans les actes suivants, on suit pas à pas l'Écriture sainte ; de peur cependant que la jeunesse ne confonde nos développements avec ce qui est révélé , nous allons donner le texte pur de saint Matthieu.

EN SAINT MATTHIEU , *chap. II.*

Jésus étant donc né en Bethléem de Juda au temps du roi Hérode, voici que des Mages (1) vinrent d'Orient à Jérusalem.

Et ils demandaient : Où est le roi des Juifs ?

(1) On donnait chez les Perses et les Chaldéens le nom de *Mages* à des hommes occupés de la science et de la religion. Selon d'anciennes traditions les Mages étaient au nombre de trois : l'un d'eux était noir et tous trois exerçaient le pouvoir royal sur de petites souverainetés.

Car nous avons vu en Orient son étoile (1) et nous sommes venus l'adorer.

Ceci étant venu à la connaissance du roi Hérode, il en fut troublé et toute la ville de Jérusalem avec lui (2).

Et ayant assemblé tous les princes des prêtres et les scribes du peuple, il s'enquit d'eux où devait naître le Christ.

Ils lui dirent dans Bethléem de Juda, selon ce qui avait été écrit par le Prophète.

Et vous Bethléem, terre de Juda, vous soyez la moindre entre les principales villes de Juda, c'est de vous que sortira le chef qui doit conduire mon peuple d'Israël.

Alors Hérode ayant appelé les Mages en secret, s'enquit d'eux avec grand soin du temps auquel l'étoile leur était apparue.

----

(1) Cette étoile avait été prédite par Balaam ; les Mages furent sans doute avertis de sa signification, soit par le souvenir des anciennes prophéties, soit par inspiration divine ; du reste, tous les peuples à cette époque attendaient un libérateur et pouvaient s'inquiéter des signes qui devaient manifester sa présence.

Suivant plusieurs saints Pères l'étoile était d'un éclat admirable, mais qui n'était pas vu de tout le monde.

(2) Hérode, ayant usurpé le trône sur la famille des Machabées, était le roi de la Judée sous la dépendance des Romains. Ce prince avait certains talents, et sa puissance en imposait assez aux Juifs pour que quelques-uns l'aient pris pour le Messie. On comprend qu'avec de pareilles prétentions, la seule pensée de l'héritier de David devait exciter dans son cœur les craintes les plus vives et la plus terrible colère. La cruauté d'Hérode n'épargnait

Et les envoyant à Bethléem, il leur dit : Allez, informez-vous exactement de cet enfant, et lorsque vous l'aurez trouvé faites-le moi savoir, afin que j'aille aussi moi-même l'adorer.

Ayant entendu le roi, ils partirent, et en même temps l'étoile qu'ils avaient vue en Orient allait devant eux jusqu'à ce qu'étant arrivée sur le lieu où était l'enfant, elle s'y arrêta.

Lorsqu'ils virent l'étoile, ils furent transportés d'une extrême joie.

Et entrant dans la maison, ils trouvèrent l'enfant avec Marie, sa mère, et se prosternant, ils l'adorèrent. Puis, ouvrant leurs trésors, ils lui offrirent pour présents de l'or, de l'encens et de la myrrhe (1).

Et ayant reçu en songe un avertissement de n'aller point retrouver Hérode, ils s'en retournèrent en leur pays par un autre chemin.

Après qu'ils furent partis, un ange du Seigneur apparut en songe à Joseph et lui dit : Levez-vous, prenez l'enfant et la mère, fuyez en Égypte et

même pas sa propre famille ; il fit périr ses deux beaux-frères, sa femme, la vertueuse Marianne, et les deux enfants qu'il avait eus d'elle.

(1) L'étrange dénûment du Roi du ciel n'empêcha pas les Mages de l'adorer et de lui offrir leurs présents. Ces présents étaient pleins de mystères : l'or exprimait la royauté du Sauveur ; l'encens, sa divinité ; la myrrhe, son humanité sainte destinée à la croix : la myrrhe est une espèce de baume qui sert à ensevelir les morts. Suivant de pieux auteurs l'or était le symbole de la charité, la reine des vertus ; l'encens exprime la prière et la myrrhe la mortification.

demeurez-y jusqu'à ce que je vous le dise, car Hérode cherchera l'enfant pour le faire mourir.

Joseph s'étant levé prit l'enfant et sa mère durant la nuit et se retira en Égypte.

Où il demeura jusqu'à la mort d'Hérode, afin que cette parole que le Seigneur avait dite par le Prophète fut accomplie : J'ai rappelé mon fils d'Égypte.

Alors Hérode voyant que les Mages l'avaient trompé entra dans une extrême colère, il envoya tuer tous les enfants qui étaient dans Bethléem et dans tous les pays d'alentour, âgés de deux ans et au-dessous, selon le temps dont il s'était enquis exactement des Mages (1).

(1) Suivant l'opinion commune, l'adoration des Rois eut lieu le 6 de janvier ; la sainte Vierge se présenta au temple le 2 de février, et ce ne fut qu'après cette époque qu'eut lieu la fuite en Égypte et le massacre des Innocents. On pourrait être surpris qu'Hérode ait été si longtemps sans s'informer de ce que les Mages étaient devenus ; mais il parait qu'il avait quitté Jérusalem après leur arrivée pour se rendre à Jéricho où il était tombé malade.

D'anciens auteurs rapportent qu'Hérode fit périr un de ses jeunes fils parmi les petits innocents de Bethléem, ce qui n'a rien de surprenant d'après ce que nous avons dit dans la note précédente. Peu après le massacre des innocents Hérode mourut d'une horrible mort. Un feu que rien ne faisait deviner le dévorait au dedans, accompagné d'une faim canine que rien ne pouvait apaiser ; ses intestins se remplissaient d'ulcères ; des vers immondes rongeaient son corps qui s'en allait en pièces ; parmi les convulsions de ses atroces douleurs, ses chairs en putréfaction répandaient une odeur si infecte que personne ne pouvait rester auprès de lui ; c'est ainsi qu'il expira.

Hérode eut plusieurs enfants, entre autres, cet Hérode, dont il est parlé

Alors s'accomplit ce qui avait été dit par le prophète Jérémie en ces termes :

On a entendu dans Rama une voix, des pleurs et de grands cris : Rachel pleurant ses enfants et ne voulant point recevoir de consolation parce qu'ils ne sont plus.

dans l'Évangile, qui fit mourir S. Jean-Baptiste et qui traita Jésus-Christ d'insensé; lui aussi éprouva bien des revers, justes châtiments de ses crimes.

(*Vie de la sainte Vierge*, par C. de Plancy.)

PERSONNAGES (1).

—

BALTHASAR, premier roi mage.

GASPARD, deuxième roi mage.

MELCHIOR, troisième roi mage, nègre.

OSMAN, ministre du roi Balthasar.

ALI, fils aîné du roi Balthasar.

SADI, fils cadet du roi Balthasar.

ALMANZOR, frère du roi Balthasar.

ISAL, page de Balthasar.

MÉLIC, page de Gaspard.

HÉRODE, roi des Juifs.

ROBOAM, lieutenant d'Hérode.

SIMÉON (Le vieillard).

HANANIAS, juif partisan d'Hérode.

SALEM, juif fidèle.

SALMON,
AZER, } écuyers d'Hérode.

DOCTEURS juifs.

GARDES.

HOTELIERS de Bethléem.

(1) Les rois mages, Osman, Hérode, Siméon, les docteurs juifs, doivent avoir pour costume de longues robes, des manteaux et des turbans ou des couronnes. Almanzor, Roboam, les écuyers, les pages, les enfants, doivent avoir des robes plus courtes, des ceinturons et des espèces de toques. Roboam doit porter un sabre ; les gardes sont armés de piques.

L'ADORATION

DES MAGES.

ACTE PREMIER.

La scène se passe dans le palais du roi Balthasar.

SCÈNE Ire.

MÉLIC, page de GASPARD ; ISAL, page de BALTHASAR.

MÉLIC.

Il y a huit ans que j'ai quitté ce palais, et tout y est bien changé. Je n'y retrouve plus le culte des Mages, le feu sacré ne reçoit plus l'encens royal et le bœuf divin a été chassé de son temple.

ISAL.

Oh ! pour celui-ci, c'est le moins à plaindre ; je crois qu'il préfère à sa crèche dorée sa liberté et l'herbe fraiche de la prairie.

MÉLIC.

Pourquoi aussi la statue du génie protecteur de nos rois est-elle disparue ?

ISAL.

Tout ceci est l'ouvrage de Balthasar, notre prince; il change la doctrine dont on a bercé notre enfance; on nous apprend à ne plus connaître qu'un Dieu unique.

MÉLIC.

Nous en avions une trentaine de mille, c'est plus commode de n'en avoir qu'un.

ISAL.

Pas tant que tu le crois, ce seul Dieu est plus sévère que tous nos anciens maîtres : jadis, nous honorions ces derniers par nos jeux et nos festins publics; on buvait et on dansait pour leur plaire ; maintenant, on ne parle plus que de prières et de jeûnes.

MÉLIC.

Puisqu'il est si exigeant, faut-il pour l'apaiser immoler à ce Dieu des victimes humaines ?

ISAL.

Bien loin de là, celui qui fait le moindre mal à son semblable irrite cet Être suprême. Pour mériter ses faveurs, il faut secourir les indigents, protéger la veuve et l'orphelin ; c'est là maintenant tout le souci de mon maître.

MÉLIC.

Quant au mien, le mage Gaspard, il n'a d'autre pensée que l'étude des phénomènes célestes; il ne croira qu'à ce qu'il verra dans l'Empyrée.

ISAL.

Balthasar s'efforcera de faire adopter à son ami ses nouvelles croyances ; mais depuis quelques jours, il s'attache surtout à convertir le mage nègre, Melchior, qui est venu nous visiter avec ses officiers qui semblent tous sortis du royaume de Pluton (1).

MÉLIC.

Je ne sais encore quelle est ta religion, mais il faut convenir que la nôtre me paraît bien peu sensée. Ma mère me faisait adorer le vent, la pluie, le feu, les serpents, les oiseaux, la lune, le soleil. En m'apprenant l'histoire du dieu soleil, elle me disait : Voyez, quand nous adorons le soleil, nous ne lui donnons pas le riz entier ; nous devons l'avoir broyé bien fin, il ne pourrait le manger sans cela, car, un jour, il a eu toutes les dents brisées par un autre dieu qu'il avait offensé. Quand vous serez, ajoutait ma mère, avec les autres petits garçons, gardez-vous bien de vous disputer, de peur qu'il ne vous en arrive autant qu'au dieu soleil.

ISAL.

Ma nourrice me faisait bien d'autres histoires sur la vache. Un jour que je voulais avec une baguette en éloigner une qui entrait dans la maison, cette bonne femme, toute tremblante d'émotion et se soutenant à peine, me dit ! Oh ! mon enfant que faites-vous ? Mère, je ne fais que chasser la vache. Mais, vous ne savez

(1) Prince de l'Enfer, selon les païens.

donc pas, petit être stupide, ce que c'est que la vache?
c'est la reine de nos divinités, et cette divinité puissante
sera en colère; nous devons aller l'apaiser. Aussitôt,
ma nourrice poursuivit la vache avec force cérémonies,
et enfin me fit prosterner devant elle pour lui demander
pardon (1).

ISAL.

Tout cela n'est que digne de pitié; mais qui redira l'im
pudeur et la barbarie du culte de nos idoles! Jusqu'aux
plus petits enfants sont immolés sur leurs sanglants autels. De tels sacrifices étaient-ils faits pour plaire au
Dieu du ciel ?..

MÉLIC.

Je les croirais plutôt l'œuvre du sombre dieu du
Tartare. Qui nous délivrera de ces incertitudes? Qui
éclairera nos âmes d'une pure lumière? Mais voici venir
les chefs des Mages, nos augustes maîtres, laissons leur
ces graves discussions.

SCÈNE II.

BALTHASAR, premier mage ; MELCHIOR, troisième mage.

MELCHIOR.

Ainsi vous le maintenez, prince Balthasar, je pratique
aussi bien que mon peuple un culte criminel.

(1) C'est textuellement la manière dont les mères idolâtres instruisent
leurs enfants dans les Indes (*Annales de la charité*, 28 février 1858, p. 103).
Pour mieux faire comprendre les erreurs de l'idolâtrie, nous avons fait allu-
sion dans ce petit dialogue aux pratiques de différents peuples idolâtres.

BALTHASAR.

Oui, prince , vous adorez des dieux qui ne sont pas
des dieux , vous mettez la créature à la place du Créateur.

MELCHIOR.

Je vous accorde que nous étions bien insensés d'a-
dorer les serpents et d'autres animaux immondes, mais
le soleil dont la lumière est si magnifique, n'est-ce pas
un dieu?

BALTHASAR.

Non, mon cher Melchior ; le soleil n'est qu'un globe
de feu qui a été créé comme les autres astres par la
parole du Tout-Puissant, ni le soleil, ni la lune n'ont
d'intelligence, le seul vrai Dieu a réglé dès le commencement leur course et ils ne s'en écartent jamais.

MELCHIOR.

Qui donc vous a donné ces sublimes connaissances?
qui vous a fait comprendre la vanité de nos idoles?

BALTHASAR.

J'ai recueilli ces saintes traditions de la bouche d'un
vieillard du pays des Israélites; il ne m'a pas seulement
appris ces choses anciennes, plus encore, il m'a révélé
les grands événements de l'avenir.

MELCHIOR.

On dit qu'en effet, le ciel prépare à la terre d'admi-
rables faveurs et que le monde doit attendre une déli-
vrance prochaine.

BALTHASAR.

Il y a eu, chez les Juifs, de saints prophètes qui ont dit d'avance quels seraient les signes de la venue du Libérateur.

MELCHIOR.

Qu'il paraisse, et je brise à ses pieds toutes mes ido les. Je le reconnais pour mon Maître et mon Sauveur.

BALTHASAR.

Heureux ceux qui les premiers jouiront de sa pré sence, un oracle divin annonce qu'une étoile merveil leuse manifestera son avénement.

SCÈNE III.

Les précédents; GASPARD, deuxième mage.

BALTHASAR.

Etes-vous enfin venu, cher ami, à bout de vos études astronomiques? Etes-vous parvenu à compter les étoi les du ciel?

GASPARD.

Oh! princes, quel spectacle magnifique vient de s'of frir à mes yeux. Je fixais tous mes regards sur les perles du ciel, j'ai vu paraitre une étincelle brillante vers l'Occident *(à ce moment on voit briller l'étoile dans le fond de la scène)*, puis cette étoile nouvelle a grandi; son éclat tout céleste éblouit mes yeux, voyez vous-mêmes.

BALTHASAR.

Mes chers amis, c'est du pays des Juifs que vient cette
lumière, il semble qu'elle nous invite à la suivre ; mon
cœur me dit que c'est l'astre du Messie.

MELCHIOR.

Je veux connaître ce Messie et apprendre de lui la
loi de la vérité, dussé-je aller pour cela au bout de l'u-
nivers.

GASPARD.

Vous ne partirez pas seul. J'applaudis à votre zèle et
je suivrai vos traces.

BALTHASAR.

Mes chers amis, combien je remercie le Ciel de vous
avoir inspiré de tels sentiments ; mais c'est moi qui vous
ai fait connaître ce bon chemin, je ne serai pas assez
malheureux pour ne pas le suivre moi-même.

Hola, pages, venez ici.
(Un page paraît et s'incline.)

BALTHASAR.

Allez dire à mon ministre et à mon fils que je veux
leur parler sans retard.

GASPARD.

Je vais promptement donner des ordres nécessaires
pour le voyage, j'emmènerai les gens qui m'ont suivi
à votre cour.

MELCHIOR.

Vous êtes blancs, mes princes, mais j'espère que le Messie ne repoussera pas mon noir visage, il vient sans doute pour délivrer tous les hommes, et je lui porterai en présent ce qu'il y a de plus précieux dans mon pays.

GASPARD.

Nous mettrons à ses pieds de l'or, de la myrrhe et de l'encens.

(Ils sortent.)

SCÈNE IV.

BALTHASAR, ALI, son fils, OSMAN, son ministre.

OSMAN.

Me voici, seigneur, mais je viens à vous plein de tristesse, on dit que vous partez pour de lointains pays.

ALI.

Vous me quittez, mon père.

BALTHASAR.

Je crois que le Seigneur le veut, mon cher Osman, et depuis que j'ai appris à le connaître, je ne lui ai jamais été rebelle.

OSMAN.

Mais votre Dieu, mon prince, ne dément pas les conseils de la sagesse ; est-il prudent de laisser ainsi votre peuple à l'abandon?

BALTHASAR.

.J'ai confiance en ta prudence pour gouverner mes Etats et en ta valeur pour les défendre.

OSMAN.

Vous m'honorez trop, seigneur, mais je ne suis fort qu'avec vous.

BALTHASAR.

Osman, je te mets sous la protection de mon Dieu; si c'est lui qui m'appelle, il veillera sur mon peuple en mon absence, et je vous apporterai à tous, je l'espère, la connaissance des mystères célestes et le moyen d'arriver à un bonheur ineffable.

OSMAN.

Ce bonheur sans mélange se trouve-t il sur la terre ; et, pour cette chimère, vous allez exposer votre vie à mille dangers, si, du moins, vous attendiez une saison moins rigoureuse, si vous éclaircissiez davantage ces prétendues prophéties.

BALTHASAR.

L'œuvre de Dieu ne veut pas de retard, et durant ce temps, l'astre du Messie peut s'éclipser pour jamais.

ALI.

Mon cher père, n'avez-vous pas à craindre et les animaux féroces du désert et les hordes sauvages plus cruelles encore.

BALTHASAR.

Cher enfant, ne t'effraye pas, ton père marchera sous
la garde du Tout-Puissant.

ALI.

Eh bien, partez, mon père, mais ne refusez pas à
votre fils de vous suivre et de partager vos fatigues et
vos dangers.

BALTHASAR.

Viens, la joie de mon âme, ne nous séparons jamais,
et toi, fidèle Osman, sois le père de mon peuple.

OSMAN.

J'accède à votre ordre, prince, je ne sais qu'obéir.

SCÈNE V.

Les précédents, ALMANZOR, frère du roi

ALMANZOR.

Je ne puis en croire mes oreilles, mon frère, n'est-ce
pas que l'on m'a fait un grossier mensonge ?

BALTHASAR.

Eh ! qu'est-ce qu'on vous a dit de si extraordinaire ?

ALMANZOR.

Vous que l'on sait si prudent, peut-on vous prêter
une telle folie.

BALTHASAR.

Laquelle, s'il vous plaît, mon frère?

ALMANZOR.

Je viens de voir toute votre cour s'en amuser, vous
en rirez le premier, je l'espère, quand vous le saurez.

BALTHASAR.

Mais enfin, Almanzor, éclaircissez cette énigme.

ALMANZOR.

Vous l'ordonnez! Eh bien, on assure qu'à votre âge la
manie des aventures vous a pris et que vous voulez cou-
rir après un roi imaginaire.

BALTHASAR.

Et, si ce roi est l'envoyé de Dieu.

ALMANZOR.

Je ne sais quel esclave juif vous a mis cela dans la tête.

OSMAN.

Sans doute quelque émissaire d'Hérode qui veut faire
sa victime de notre roi.

ALMANZOR.

Au Juif se sont joints les petits rois vos visiteurs.

BALTHASAR.

Mon frère, parlez de moi à votre aise, mais ménagez
mes amis.

ALMANZOR.

Qu'ils vous ménagent eux-mêmes. Partez donc avec

ce négrillon que l'on réduira en esclavage au premier gîte.

BALTHASAR.

Le Ciel est pour nous, Almanzor, voyez cet astre lumineux.

ALMANZOR.

Un astre, j'ai beau ouvrir les yeux, je n'en vois pas.

ALI.

C'est une punition divine.

BALTHASAR.

Silence, enfant.

OSMAN.

Pour moi, j'aperçois quelques traces de lumière.

ALI.

Et moi, je vois un astre plus brillant que le soleil.

ALMANZOR.

Vous rêvez tous, c'est quelques sortiléges de votre chercheur d'étoiles.

ALI.

Mais regardez donc, mon cher oncle.

ALMANZOR.

Je suis dans une nuit profonde, et quand je verrais ton étoile, crois-tu, petit insensé, que j'exposerais ma vie sur un pareil présage?

BALTHASAR.

Il n'y a pas deux jours, mon frère, que vous vouliez me faire mettre à genoux devant votre bœuf sacré pour consulter son oracle, je préfère obéir au vrai Seigneur du Ciel.

ALMANZOR.

Vous abandonnez nos anciens dieux ? Je suis réduit à me taire (*à ce moment paraît le petit prince Sadi*) mais vous ne résisterez pas aux cris de la tendresse paternelle. Voyez, le Ciel vous envoie le petit Sadi, votre dernier né, l'objet de tout votre amour.

OSMAN

Venez, cher prince, on veut vous enlever votre bon père.

ALMANZOR.

Retiens ton père dans tes petits bras.

BALTHASAR, *embrassant son fils.*

Adieu, cher enfant, je te reverrai bientôt.

ALI.

Ne pleure pas, mon petit frère, l'Enfant céleste te bénira.

(Les trois rois et Ali sortent.)

ALMANZOR.

Mon pauvre frère a perdu l'esprit et le cœur.

OSMAN.

Si je ne puis comprendre les desseins généreux de mon roi, je veux au moins travailler au bonheur de son peuple.

CHANT DES ANGES SUR LE DÉPART DES MAGES (1).

Air : Immortelle Sion.

Bienheureux les mortels que la grâce illumine,
Nous chantons leur bonheur sur nos cithares d'or ;
Vers le roi d'Israël, ah ! prenez votre essor,
Suivez, mages, suivez la lumière divine.

REFRAIN.

Venez, anges du Ciel, chantons gloire au Seigneur ;
Célébrons son saint nom du couchant à l'aurore;
Que tout exalte sa grandeur,
Le bénisse et l'adore.

Triomphez dans ce jour de l'humaine nature,
D'Ophir et de Tharsis, abandonnez les tours,
Et le Dieu de Jacob sera votre secours ;
Il est pour ses enfants une invincible armure.

Que s'il vous faut encore un noble sacrifice,
Dans vos cœurs généreux, rois, ne différez pas;
Les Anges du Très-Haut conduiront tous vos pas,
Le Ciel à vos désirs se montrera propice.

(1) Ce chœur peut être supprimé.

ACTE II.

La scène se passe dans le palais d'Hérode.

SCÈNE Ire.

Les trois Mages, HANANIAS et SALEM, Juifs.

HANANIAS.

Princes, quelle pensée vous amène dans cette enceinte?

BALTHASAR.

Seigneur, nous sommes des régions de l'Orient ; nous avons appris à adorer le Dieu de Jacob ; nous savions qu'il destinait un Sauveur à la terre, et qu'une étoile merveilleuse devait annoncer sa naissance.

GASPARD.

J'ai aperçu cette étoile dans les cieux, et sa lumière nous a dirigés jusqu'aux portes de Jérusalem.

MELCHIOR.

Mais l'étoile est disparue, et nous demandons aux habitants de cette grande cité de nous indiquer le berceau de leur Roi céleste.

HANANIAS.

Qu'avez-vous fait, princes, et quelle est votre imprudence ; vous ne connaissez pas le souverain de ces lieux : la seule pensée d'un roi nouveau va enflammer sa colère, et vous serez les victimes de votre zèle pieux.

MELCHIOR.

Est-ce que pour vous, seigneur, Hérode est aussi puissant que le Dieu d'Israël; nous venons ici pour obéir à ce Dieu, et il saura déjouer aussi bien la ruse que la fureur animée contre nous.

HANANIAS.

J'admire votre courage; je désire qu'il se soutienne en présence d'Hérode : nous sommes accoutumés à plier sous ses lois, et le mieux serait, je crois, de se taire sur ces révélations, et de donner un autre motif à votre voyage.

SALEM.

Non, princes, vous ne suivrez pas ce conseil timide; notre Dieu n'aime que la justice et la vérité. Oh ! qu'il me fasse la grâce de partager votre sort; recevez-moi dans votre compagnie, et nous irons ensemble offrir nos hommages au roi de Sion.

BALTHASAR.

Voilà un vrai fils d'Abraham, un cœur dévoué à son Dieu.

HANANIAS.

Il espère avoir quelque part à la puissance du Messie.

SALEM.

Je n'envie pas les biens de la terre; je ne désire que les biens célestes.

SCÈNE II.

Les précédents, HÉRODE, ROBOAM, son lieutenant ; gardes.
Un écuyer précède Hérode, et dit : *Voici le roi.* Hérode entre
et se place sur son trône.

HÉRODE, *se levant.*

Que voulez-vous ici, princes étrangers ? de quel droit
êtes-vous entrés dans mon royaume ? Vous auriez dû
me faire prévenir de votre venue, demander mes ordres ;
qui m'empêche de vous retenir captifs, ou de vous
livrer à la mort.

BALTHASAR.

Seigneur, le Dieu tout-puissant nous a fait connaître
que le Messie, ce roi divin d'Israël, était paru au monde,
et nous sommes venus l'adorer ; mais nous ignorons
l'heureuse ville où il a vu le jour.

HÉRODE.

Eh bien ! Roboam, que penses-tu d'une pareille surprise ? Quel peut-être, dis-moi, ce prétendu roi des
Juifs ? Qui donc, ici, oserait reconnaître d'autre puissance
que la mienne ?

ROBOAM.

Ces princes me semblent le jouet de quelque illusion,
ou plutôt, qui peut méconnaître l'essai d'un complot
criminel que votre sagesse saura déjouer ?

SALEM.

Ah ! seigneur, ces nobles étrangers n'ont aucune intention coupable ; tout dans nos saints livres pronostique la prochaine venue d'un libérateur.

HÉRODE.

J'ai quelque idée de ces prédictions. Dis-nous, Hananias, quelle est à ce sujet la croyance de vos savants ?

HANANIAS.

Mais , Seigneur...

HÉRODE.

Quoi ! tu refuses de satisfaire ton maître ; si tu ne veux dire ce que tu penses, va, au moins, t'enquérir de la pensée des autres. Rassemble les chefs de la synagogue ; je vous donne une heure , et, d'ici-là, je veux savoir en quel lieu vos Écritures font naître votre Messie.

HANANIAS.

O grand roi ! que vous importent ces vieilles prédictions ? qu'est-ce qui peut inquiéter votre puissance ?

HÉRODE.

Que dis-tu, misérable ? tu oublies comment on doit m'obéir.

(Hananias s'incline et sort.)

Vous, princes, retirez-vous ; toi, Roboam, attends mes ordres.

SCÈNE III.

HÉRODE, ROBOAM.

HÉRODE.

Eh bien, Roboam, tu as l'air tout stupéfait?

ROBOAM.

Je marche de surprise en surprise.

HÉRODE.

J'en suis sûr, tu ne reconnais plus ton roi.

ROBOAM.

Quoi! vous laissez impunis ces audacieux, qui viennent ici parler d'un autre roi que vous? Vous allez jusqu'à flatter leurs projets insensés? Sans votre présence mon cimeterre en aurait fait promptement justice.

HÉRODE.

Je te sais gré de ton zèle; mais sache le modérer, car je veux faire plus encore que je n'ai fait : je proposerai à ces aimables princes d'aller rendre mes hommages à leur nouveau roi des Juifs.

ROBOAM.

Si c'est votre volonté !

HÉRODE.

Je vais te parler franchement, Roboam : je n'ajoute guère de foi à ces prédictions;

5

Mais tu connais ce peuple, il voudrait contre moi
Reconnaître un sauveur et proclamer un roi.
Coupons le mal à la racine.

ROBOAM.

Est-ce atteindre ce but que d'envoyer vous-même
des adorateurs à ce prétendu rival? il faut l'écraser.

HÉRODE.

Nous en viendrons là ; Roboam, laisse faire ton
maître.

SCÈNE IV.

Les précédents, HANANIAS, les Docteurs juifs.

LE CHEF DES DOCTEURS.

Seigneur, nous obéissons à vos ordres.

HÉRODE.

Eh bien ! savants docteurs, que disent vos prophètes
de l'avénement du Messie?

ROBOAM.

Est-ce qu'il y a, grand roi, d'autre Messie que vous?
N'est-ce pas vous qui avez délivré Jérusalem de ses ennemis et rebâti le temple?

HANANIAS.

C'est pourtant vrai.

HÉRODE.

Gardez tous le silence ; je sais qui je suis : je demande seulement à ces docteurs où ils croient que devait naître le fils de David, qu'ils parlent.

LE CHEF DES DOCTEURS.

Il est dit dans Michée (1) : « Et toi, Bethléem, quoique tu sois la plus petite des villes de Juda, tu seras la plus grande ; car c'est de toi que doit naître le chef de mon peuple Israël. »

HANANIAS.

C'est bien là le texte du prophète ; mais on pourrait l'avoir mal compris.

SALEM.

Vous vous trompez, Hananias ; tous nos pères ont cru que le salut nous viendrait de Bethléem et de la famille de David.

HÉRODE.

Appelez ces étrangers.

(Un garde sort.)

SCÉNE Ve.

Les précédents, les Mages.

HÉRODE.

Princes, Bethléem est un petit village à deux lieues de Jérusalem ; c'est là où doit être né le roi que vous

(1) Mich. v, 2.

demandez : allez, cherchez-le bien, et lorsque vous l'aurez trouvé, faites-moi connaître sa demeure, j'irai moi aussi lui offrir mes hommages.

Il fait signe à un des Mages de venir lui parler, et lui demande à demi-voix :

Depuis quand est apparue cette étoile ?

GASPARD.

Depuis six mois environ.

HÉRODE.

Je n'oublierai pas cette époque.

HANANIAS.

Que vous êtes heureux, princes, d'avoir trouvé grâce devant Hérode. Oh! quel grand roi !

SALEM.

Mages fidèles, je vous accompagne.

SCÈNE VIe.

HÉRODE, ROBOAM, seuls.

HÉRODE.

A toi toute ma confiance, Roboam : tu sais que mon nom seul inspire la terreur ; si nous cherchions nous-mêmes ce fils de David, on le déroberait à nos regards ; mais on sera sans défiance vis-à-vis de ces étrangers, et une fois l'asile découvert, nous ne ferons qu'un même sacrifice de ce roi et de ces audacieux visiteurs.

ROBOAM.

Prince, votre sagesse égale votre puissance.

CHŒUR.

LES ISRAÉLITES. FIDÈLES EXPRIMENT LEURS ALARMES SUR
LE SORT DU MESSIE.

Air : Hirondelle gentille.

Hélas ! dans cette enceinte,
Quelle mortelle crainte !
   Quelles frayeurs !
Quelle amère tristesse
Trouble notre allégresse,
   Cause nos pleurs !

Des plus lointaines plages,
Ici trois savants mages
   Remplis de foi,
Ont cherché le Messie
Sans craindre la furie
   De notre roi.

Sa douceur apparente
Est un moyen qu'il tente,
   Cruel bourreau !
Il a soif de vengeance,
Et poursuit l'innocence
   Dans son berceau.

O fleur de la vallée,
Seras-tu moissonnée

Dès ton matin?
Déjà, pour notre crime,
Serais-tu donc victime,
Agneau divin?

Sous vos ailes de flammes
Cachez ce roi des âmes,
Anges du ciel.
Conservez à la terre,
Conservez à sa mère,
Emmanuel.

ACTE III.

La scène se passe vis-à-vis l'étable ; le cortége des Mages s'avance vers Bethléem précédé de plusieurs écuyers.

A travers la verdure qui avoisine l'étable, on aperçoit l'étoile lumineuse, elle est accompagnée d'un chœur d'anges. Il serait à désirer que l'on ne vît que l'étoile, et non les Anges.

SCÉNE Ire.

Les Mages ; leur suite ; deux Hôteliers.

1er HOTELIER.

Oh ! quel brillant cortége ! quelle bonne fortune pour nous ! *(Il arrête le premier écuyer.)*
Holà, beau seigneur, si vous cherchez un gîte, venez par chez nous, vous serez traité selon votre mérite.

2e HOTELIER.

Gardez-vous, seigneur, d'aller dans sa bicoque, c'est

nous qui avons le plus splendide logis ; notre table est
celle des grandes gens : sa maison est pleine de ca-
nailles.

1er HOTELIER.

Ne vous fiez pas, seigneur, à ce misérable : il a re-
poussé, l'autre jour, celle que l'on dit être la Mère du
Messie.

2e HOTELIER.

L'as-tu reçue, toi ; je l'ai vu partir de chez toi en
pleurant.

L'ÉCUYER.

Vous vous valez tous deux ; mais vos services nous
sont inutiles : nous suivons cette étoile merveilleuse.
Ciel ! elle s'arrête : quelle est cette grotte ?

1er HOTELIER.

Eh ! c'est l'asile d'un pauvre charpentier et de sa
jeune épouse.

2e HOTELIER.

On raconte des merveilles d'un fils charmant qui
vient de lui naître. J'ai presque envie d'aller le voir ;
mais j'ai trop d'occupation pour faire des visites sans
profit, je cours à mes fourneaux.

SCÈNE IIe.

Avant d'arriver à l'étable, le cortége des Mages fait entendre le chant qui suit :

Air : La charmante étoile.

O charmante étoile,
Qui guide nos pas,
Montre-nous sans voile
Ce Dieu plein d'appas.

LE CHŒUR DES ANGES REPREND :

Venez, venez, à cette étable,
Où vous verrez ce doux Sauveur,
Ce Dieu tout aimable
Que cherchent vos cœurs.

LE CORTÉGE DES MAGES.

L'astre tutélaire
S'arrête, et nos yeux
Voient l'humble chaumière,
Le plus saint des lieux.

LE CHŒUR DES ANGES.

Le front courbé dans la poussière,
Aux pieds sacrés du nouveau roi,
Portez, pour lui plaire,
L'amour et la foi.

L'étable s'ouvre ; l'Enfant Jésus apparaît entre la Sainte-Vierge et Saint Joseph, qui doivent être représentés par des statues. Les mages entourent la crèche et viennent à genoux offrir leurs présents.

BALTHASAR, **1er MAGE**, *qui offre l'or.*

Air : Oui, Seigneur, nous croyons.

Juste ciel ! tout en moi tressaille d'allégresse,
Ah ! comment soutenir l'excès de mon bonheur.
C'est lui, je l'aperçois, l'enfant de la promesse,
L'héritier de David, d'Israël, le Sauveur.
Qu'aujourd'hui cet or pur soit l'emblème fidèle,
Du tendre et chaste amour que vous jure ma foi ;
J'irai, volant au loin, dirigé par mon zèle,
Vous conquérir des cœurs, ô mon auguste roi.

GASPARD, **2e MAGE**, *offrant l'encens.*

Air : Elle a fui vers les cieux.

Je viens vous apporter d'une lointaine plage,
Ces parfums que l'on brûle à l'autel du Seigneur,
Déposer à vos pieds mes vœux et mon hommage.
O Dieu mystérieux, de notre paix le gage,
Je vous adore et vous donne mon cœur.
En s'élevant vers vous, ah ! puisse ma prière
Vous rappeler l'encens du Mage de Tharsis,
Don sacré qui n'est dû qu'à vous seul sur la terre ;
Puissé-je vous l'offrir jusqu'à l'heure dernière,
Et vous bénir aux célestes parvis.

3e MAGE, *offrant la myrrhe.*

Air : Adressons notre hommage.

Du fond de l'Arabie,
Je viens, Maître divin,
Jehova, doux Messie,
Je viens baiser ta main.

Hélas ! Sauveur des hommes,
Jésus brûlant d'amour,
Pour nous, tant que nous sommes,
Tu dois mourir un jour.
Ton gracieux sourire,
Me ravit, saint Enfant,
Accepte cette myrrhe,
Je te l'offre en présent.
Les plus grands sacrifices,
O mon aimable roi,
Sont changés en délices
Quand ils sont faits pour toi.

Les Mages se retirent au milieu de la verdure où ils s'endorment.

Pendant le sommeil des Mages, le chœur des Anges chante ce qui suit :

CHANT DES ANGES SUR LA RUINE DE LA SYNAGOGUE
ET LA GLOIRE DE L'ÉGLISE.

Air : Elle a sonné l'heure des saints cantiques.

Peuples assis à l'ombre des ténèbres,
Pauvres captifs du tyran des enfers,
Fuyez, fuyez vos régions funèbres ;
Dieu vous appelle, il va briser vos fers.
Déjà les rois, vos augustes prémices,
Sont accourus aux pieds de l'Enfant Dieu ;
Suivez leurs pas, et pour vos sacrifices
Vous trouverez Jésus dans le saint lieu.

Les fortes tours de Sion sont tombées.
Rien de Jacob ne vous sépare plus.

Embrassez-vous, nations fortunées,

Qu'un même amour vous unisse à Jésus.

Secrets divins ! profondeurs éternelles !...

De l'olivier mystique du Seigneur

Je vois tomber les branches naturelles,

Rameaux brisés, sans séve et sans vigueur.

Ah ! si Jacob, l'enfant de la promesse,

A dépouillé sa couronne d'honneur,

Les heureux fils de Rome et de la Grèce,

De l'arbre saint deviennent la splendeur,

Dieu, conservez la nouvelle Solime

Qui du Sauveur forme aujourd'hui la cour ;

Mais retirez du profond de l'abîme,

Jérusalem, votre premier amour.

Ce chant fini, un des anges s'approche des Mages, et leur fait connaître, de la part de Dieu, la nécessité de leur départ.

Air : Elle a fui vers les cieux.

Alors qu'un doux sommeil a fermé vos paupières,

Votre cœur veille encor, comme aux ombres du soir ;

Vos vœux montent brûlants vers les célestes sphères,

Et du parfum si pur de vos saintes prières

Les immortels balancent l'encensoir.

Nouveaux élus de Dieu, partez, fidèles Mages,

Par un autre chemin, précipitez vos pas ;

Gardez-vous vers Sion, de porter vos hommages,

Hérode contre vous, médite ses outrages,

Et du Sauveur, conjure le trépas (1).

____

(1) Si on ignore les airs indiqués, on se contentera de réciter les vers de cette scène.

SCÈNE III.

Les trois Mages et Ali.

ALI.

Oh ! que nous avons passé une heureuse journée, hier ; est-ce là, mon père, ce qui a empêché votre repos et qui vous a fait lever avant l'aurore ?

BALTHASAR.

Non, mon fils ; mais il faut tout presser pour notre départ ; des anges me sont apparus cette nuit, qui m'ont révélé les perfidies d'Hérode, hâtons-nous de quitter ces lieux, mais fuyons Jérusalem et prenons un autre chemin pour retourner dans nos contrées.

ALI.

Je cours avant tout demander la bénédiction de l'Enfant Jésus.

GASPARD.

La volonté du ciel m'a été manifestée par les messagers divins qui l'ont portée à Balthasar.

MELCHIOR.

Les fils de l'Empirée ont daigné m'honorer aussi de la même faveur, allons en diligence porter à nos peuples la connaissance et l'amour du Sauveur d'Israël.

ACTE IV.

La scène se passe dans le palais d'Hérode.

SCÈNE Ire.

HÉRODE, ROBOAM, son lieutenant, **SALMON** et **ASER**, écuyers.

HÉRODE.

Hé bien, écuyers, qu'est-ce qu'il y a de nouveau à Jérusalem ?

SALMON.

Seigneur, Jérusalem se tait devant votre puissance ; mais il s'est passé hier quelque chose d'insolite dans le temple.

HÉRODE.

Dites vite.

SALMON.

Il s'est présenté pour la purification légale une jeune femme, qui avait quelque chose d'extraordinaire ; ses vêtements étaient pauvres, son sacrifice celui de l'indigence, et pourtant, toute son attitude était relevée par une dignité et une modestie inexprimables.

ASER.

Un vieillard vénérable, qui paraissait être son époux, sous le costume d'un simple ouvrier, trahissait une illustre origine.

ROBOAM.

De quels contes endormez-vous le roi ?

HÉRODE.

Laisse-les dire, Roboam ; et l'enfant, écuyers ?

SALMON.

Ah ! Seigneur, quel doux sourire, quelle céleste intelligence dans son regard.

ROBOAM.

Vous perdez la tête, mes enfants, un marmot de quarante jours.

SALMON.

Vous l'eussiez admiré ; peut-être adoré, seigneur, si vous l'eussiez vu.

ASER.

Le vieillard Siméon a eu ce bonheur, il a pris l'enfant dans ses bras et il a dit :

« Mon Dieu, je puis mourir en paix, car mes yeux ont vu le Sauveur de votre peuple. »

HÉRODE.

Encore un Messie, Siméon n'est pas pour nous !

ROBOAM.

Puisqu'il est si pressé de mourir, on pourrait l'y aider un peu.

HÉRODE.

Et le peuple qui le regarde comme un Saint ? Qu'a-t-il ajouté ce vieux prophète ?

SALMON.

Il a dit à la mère de l'enfant des choses magnifiques,
qu'à dire le vrai je n'ai guère comprises ; il a parlé de
triomphe , de crime et de glaive menaçant.

HÉRODE.

Ils me craignent déjà.

ASER.

Au vieillard Siméon s'est réunie la veuve qui ne quitte
pas le temple , Anne la prophétesse, vous ne lui auriez
plus donné ses quatre-vingt-quatre ans ; ivre de joie,
elle faisait tout retentir des louanges de cet enfant
merveilleux.

ROBOAM.

Anne , Siméon , voilà pour le Messie de redoutables
défenseurs. Si le roi le permet, écuyers, mandez Siméon
au palais.

HÉRODE.

C'est bien ! ces rois mages doivent aussi nous donner
quelques lumières ; pourquoi ne reviennent-ils pas?

ROBOAM.

J'ai envoyé le juif Hananias à Bethléem pour en savoir
des nouvelles, il va nous apporter une réponse.

SCÈNE II.

Les précédents , HANANIAS.

HÉRODE.

Les rois, où sont-ils ?

ROBOAM.

Tu devais les ramener.

HANANIAS.

Seigneur, ils sont partis depuis trois jours ; ils sont sans doute hors des limites de la Judée.

HÉRODE.

Tu l'entends, Roboam, Hérode est trompé !... Serait-ce toi, misérable, qui aurais donné quelque avis à ces rois ? Quel prix ont-ils payé ta trahison ?

ROBOAM.

Ah ! Seigneur, après tant d'années de fidélité.

HÉRODE.

Pour me la prouver cette fidélité, cours, vole, exécute cet ordre que je ne puis donner qu'à toi.

ROBOAM.

Que m'ordonnez-vous ?

HÉRODE.

Entoure Bethléem de soldats, pénètre dans toutes les maisons, fouille les réduits les plus obscurs.

ROBOAM.

Je vous amène tous les habitants chargés de chaines.

HÉRODE.

Je n'ai que faire d'eux ; c'est aux enfants qu'en veut cette fois ma juste colère, frappe, déchire, immole tout ce qui est au berceau , que rien ne t'attendrisse ; que pas un seul ne t'échappe, tu en réponds sur ta vie.

ROBOAM.

Jusqu'à quel âge devra frapper le glaive?

HÉRODE.

Il y a longtemps que ces Mages sont partis de leurs pays ; ce fils de David a peut-être un an ; que deux ans soit ta limite, ce sera plus sûr.

HANANIAS.

Seigneur, la nourrice de votre plus jeune fils habite près de Bethléem , n'y aurait-il point à craindre quelque erreur fatale ?

HÉRODE.

Non, qu'il périsse comme les autres ; qu'il périsse pour le repos de son père.

SCÈNE III.

HÉRODE seul.

La fureur agite mon âme. Oh qu'il me tarde que mes ordres soient exécutés ! Que de sang répandu ! Que de cadavres entassés ! Réjouis-toi, Hérode, toi seul pouvais inventer une pareille vengeance, briser ainsi une trame odieuse ! Juifs, allez ressusciter votre Messie, ou plutôt revenez à Hérode rendre vos seuls hommages. Qu'il soit comme un Dieu pour vous... Oh ! quel feu s'allume dans mes entrailles ; mes yeux se troublent et ne voient que du sang !... Je ne respire que cette horrible odeur ; mes dents broient de la chair vivante !... J'entends des cris plaintifs qui me déchirent ! Fuyons ces fantômes horribles ; ces cadavres qui s'agitent, mutilés et sanglants. O mon fils, toi aussi au nombre de mes bourreaux ?...

(Hérode s'enfuit.)

SCÈNE IV.

Le vieillard SIMÉON, HANANIAS.

HANANIAS.

Arrêtez, saint vieillard, si le roi vous voyait, c'en serait fait de votre vie ; Hérode est agité d'une fureur inexprimable.

SIMÉON.

Est-ce toujours le Messie qui cause ses angoisses ?

HANANIAS.

Pouvez-vous en douter ? Il se voit joué par les Mages, qui sont partis sans lui rendre le compte qu'il attendait.

SIMÉON.

Ainsi le Christ échappe à ses piéges.

HANANIAS.

Peut-être ! car pour se saisir de sa proie, Hérode a envoyé Roboam à Bethléem ; il a ordre de massacrer tous les enfants âgés de moins de deux ans.

SIMÉON.

Que me dites-vous !... Y eût-il jamais une barbarie pareille ; les tigres de l'Hyrcanie sont moins cruels?

HANANIAS.

Et l'héritier de David, que va-t-il devenir?

SIMÉON.

Le Seigneur ne trahira pas ses promesses ; mais il ne m'a pas fait connaître ce mystère.

HANANIAS.

(A part.)
Hérode doit sans doute rester notre seul maître ; je retourne près de lui.

SCÈNE V.

SIMÉON, SALEM.

SIMÉON.

Ah ! c'est vous, cher Salem, vous qui, plein d'une foi si vive, avez suivi les Mages de l'Orient ; quel malheur vous a frappé ; votre visage est couvert de pâleur et vous étouffez vos soupirs.

SALEM.

Prophète de Jéhovah, j'ai guidé les pas des Mages jusqu'aux limites de la Judée ; et, en revenant, j'ai repassé par Bethléem. Quel horrible spectacle s'est présenté à mes yeux !... Partout des cris, des hurlements de désespoir ; une soldatesque effrénée arrache les enfants des bras de leurs mères, et, mises en pièces par le glaive, ces petites victimes couvrent de leur sang le sein qui les a nourri.

SIMÉON.

Dieu puissant du ciel, qu'est devenu le nouveau Joas, seul espoir de ton peuple ?

SALEM.

O Siméon, le Seigneur, dans sa bonté, m'a rendu témoin des soins de sa providence. J'ai vu, vers le chemin de l'Égypte, Marie et Joseph ; j'ai vu le Sauveur d'Israël pressé sur leur cœur ; un messager du ciel les a fait partir la nuit qui a précédé ce jour à jamais douloureux. Notre vrai Roi vit encore.

SIMÉON.

O mon fils, que les voies de Dieu sont mystérieuses ! Ah, sans doute, le Messie échappe à la fureur d'Hérode ; la terre entendra sa voix divine, admirera ses prodiges ; mais, ô Jérusalem infidèle, toi-même, tu prépares son supplice ; il n'entrera dans sa gloire qu'après avoir été accablé d'humiliations et de douleurs ; aussi, quelle ne sera pas la splendeur de son royaume éternel! Le cruel Hérode et les autres ennemis du Christ recevront le juste châtiment de leur crime, mais le ciel s'ouvrira bientôt à ses fidèles adorateurs... : quelles sont ces jeunes âmes qui s'élèvent de la terre comme une nuée de blanches colombes? O cité de Bethléem, ne pleure plus les enfants que le fer t'a ravis, le Seigneur les réunit à ses Anges; vois-les dans le temple de la gloire se jouer avec leurs palmes et leurs couronnes.

FIN DES DRAMES BIBLIQUES.

CANTIQUES ET COMPLIMENTS

DE CIRCONSTANCE

A L'USAGE DES JEUNES PERSONNES.

———

TRADUCTION DU CHANT DES OISEAUX,
Par S. François d'Assise.

Air : Du haut du céleste séjour.

Agiles habitants des airs,
Charmants oiseaux, mes petits frères,
Bénissez Dieu dans vos concerts,
A vos chants j'unis mes prières.

Louez, louez le Créateur,
Qui forma vos brillantes ailes ;
Aimez-le de tout votre cœur,
Chantez-lui des hymnes nouvelles.

Pour le bénir, il vous a faits
Avant toutes ses créatures ;
Il a placé votre palais
Dans les régions les plus pures.

Pour vous garder en tous les temps,
Du soleil et des froides brumes ;
Pour vous mettre à l'abri des vents,
Il vous revêt de douces plumes.

Vous ne semez , ni moissonnez ,
Mais la divine Providence
Vous suffit , toujours vous trouvez
Votre pâture en abondance.

Agiles habitants des airs ,
Charmants oiseaux, mes petits frères ,
Bénissez Dieu dans vos concerts ,
A vos chants j'unis mes prières.

CANTIQUE EN L'HONNEUR DE LA SAINTE VIERGE.

Air : Qu'ils sont aimés.

Je te salue , auguste Souveraine ,
Unique espoir de l'homme malheureux ,
Mère de Dieu , mon immortelle reine ,
Riche ornement de la terre et des Cieux.

Hélas ! tu sais, ô Marie , ô ma mère ,
De ton enfant les pénibles combats ,
L'affreux démon dans sa cruelle guerre
Comme un vautour s'attache à tous mes pas.

Parais toi-même , ô divine Marie ;
Viens m'assister de ton puissant secours ,
Et loin de moi, cachant sa face impie ,
Satan confus s'enfuira pour toujours.

Quand de concert le monde et la nature
Me font sentir tous leurs injustes droits ,
Viens m'éclairer , ô vierge sainte et pure ,
Grave en mon cœur l'amour des saintes lois.

Je t'appartiens, ô Mère bien-aimée,
De tout péché garde mon pauvre cœur
Et fait surtout, ô Vierge immaculée,
Fais qu'il soit pur, pur comme un lis en fleur.

Ah! si longtemps dans une chair mortelle
Je dois encor supporter les travaux,
Fais qu'à mon Dieu restant toujours fidèle
J'arrive enfin au céleste repos.

Et quand viendra la fin de ma carrière,
Moment sacré, doux terme de mes vœux
Viens m'assister à mon heure dernière,
Porte mon âme au sein des bienheureux.

CANTIQUE EN L'HONNEUR DE L'IMMACULÉE CONCEPTION DE LA SAINTE VIERGE.

Air : Adieu mois de Marie.

O beau lis sans pareil, ô rose immaculée,
Tabernacle sacré du Fils de l'Eternel,
Recevez, ô Marie, ô Mère bien-aimée,
Nos vœux et notre amour en ce jour solennel.

Refrain :

O Vierge sainte et pure,
O colombe de paix,
Votre âme sans souillure
Brilla toujours des plus chastes attraits.
Priez pour nous, Marie,
Priez, ah! ne cessez jamais,

3**

Espoir de notre vie ,
Priez pour nous , Marie.

Les trésors du printemps , la riante verdure
Ne charment plus nos yeux, ne touchent plus nos cœurs,
Quand nous vous contemplons , reine de la nature,
O Vierge d'Israël la plus belle des fleurs.

Le jasmin gracieux et l'odorant narcisse,
Les fleurs de l'oranger , les myrtes et l'encens
N'ont par leurs doux parfums, Marie, ah ! rien qui puisse
Dire de vos vertus le baume ravissant.

Le cèdre du Liban , le palmier solitaire
Sont petits et rampants devant votre grandeur ,
Pour nous de l'olivier l'huile même est amère
Quand votre charité sourit à notre cœur.

CANTIQUE EN L'HONNEUR DE SAINT VINCENT-DE-PAUL.

Air : De la romance de saint Joseph.

Près de cette rive fleurie
Paissez ; ô timides agneaux,
Votre berger passe sa vie
A protéger votre repos .
Oh ! que son cœur a d'innocence !
Vers le ciel il tourne ses yeux,
Et son âme semble d'avance
Posséder l'objet de ses vœux.

Jeune Vincent, ton Dieu t'ordonne
De quitter le toit paternel ;

Il te destine la couronne
Promise aux pasteurs d'Israël.
Viens, tu peux approcher sans crainte,
Dieu connaît le fond de ton cœur ;
Tes mains reçoivent l'huile sainte
Et ton front le sceau du Sauveur.

Retiens ton haleine rapide,
O vent, arrête sur ce bord
Vincent et le vaisseau perfide
Auquel il a remis son sort.
Mais le disciple du calvaire
Aime les plus tristes revers,
Et sur une terre étrangère
Vincent se voit chargé de fers.

Sur les flots, ô barque chérie,
Vole avec l'ami de Jésus ;
Ramène au sein de sa patrie
Le trésor de tant de vertus.
Les anges dans ce jour de fête
Guident le guerrier du Seigneur,
Qui rend pour première conquête
Une brebis au bon Pasteur.

Quels échos à ton âme émue
Apportent de tristes sanglots !
Ton cœur s'attendrit à la vue
De tant d'indigence et de maux.
Celui que la souffrance accable
Par toi voit ses pleurs essuyés,

Et ta charité secourable
S'étend sur toutes nos cités.

Dès votre berceau, sur vos têtes
Grondent les orages cruels,
O vous, qu'à l'abri des tempêtes
Vincent place autour des autels.
Enfants, que votre voix publie
Le nom de votre bienfaiteur ;
Mais s'il vous a sauvé la vie,
C'est pour vous offrir au Seigneur.

Jésus, ô Vincent, te confie
Le jeune espoir de ses autels,
Sur cette famille choisie
Veillent tes regards paternels.
Tel qu'un brasier répand sa flamme
Et sa bienfaisante chaleur,
Du beau feu dont brûle ton âme
Tu voudrais embraser leur cœur.

Le pauvre que ta main soulage,
Le lévite instruit par ta voix,
L'orphelin sauvé du naufrage,
Veulent te bénir à la fois.
Vincent, que leur âme inspirée
Par tes leçons et les vertus
Partage un jour dans l'empyrée
La félicité des élus (1).

(1) Sujet des strophes : S. Vincent garde le troupeau de son père ; — il
devient prêtre ; — il s'embarque et devient esclave des Maures ; — il convertit

CANTIQUE EN L'HONNEUR DE SAINTE RADEGONDE.

Air : J'irai revoir ma Normandie.

O toi que la gloire environne,
Aimable épouse de l'Agneau,
J'entends de ton céleste trône
Retentir ce concert nouveau.

Refrain :

Du monde abjurant la folie
J'ai pris la croix de mon Sauveur,
Gloire et délices de ma vie
Seule elle a fait ma joie et mon bonheur.

La pauvreté fut ma richesse,
La chasteté mon ornement;
Méprisant la vaine sagesse,
Mon cœur fut humble, obéissant.

Bravant l'effort de la nature
Rebelle à ses injustes lois,
Je n'opposais à son murmure
Que l'étendard du Roi des rois.

De l'éclat d'un vain diadème
J'ai jadis détourné les yeux
Et j'ai conquis le bien suprême
Que Dieu me destinait aux cieux.

son maître et revient en France avec lui; — S. Vincent secourt toutes sortes
de misères; — il accueille les enfants delaissés et élève les jeunes ecclé-
siastiques;— unissons-nous pour le prier et le bénir.

3***

Radégonde, à ta voix bénie
Vient s'unir la céleste cour ;
Des saints la sublime harmonie
Répète à mon cœur en ce jour.

O vous que le Seigneur appelle,
C'en est fait, ne différez pas ;
Sachez qu'une gloire immortelle
Sera le prix de vos combats.

Refrain :

Du monde abjurant la folie,
Suivez les traces du Sauveur ;
Gloire et délices de sa vie,
La Croix fera toujours votre **bonheur.**

COMPLIMENT A S. G. MONSEIGNEUR L'EVÊQUE DE*** POUR
LA CONFIRMATION.

Air : Immortelle Sion.

Les cieux se sont ouverts à votre voix bénie,
Soudain l'esprit d'amour, d'un vol rapide et doux,
Franchit le Firmament, se repose sur nous
Et vient nous apporter une nouvelle vie.

Refrain :

Venez, Fils du Très-Haut, saints anges du Seigneur,
Prêtez-nous vos concerts, vos harpes séraphiques
Pour célébrer notre bonheur,
Prêtez nous vos cantiques.

Dans le mystique Eden, abeille vigilante,
Vous recueillez le suc des plus suaves fleurs,
C'est le nectar divin qui charme tous nos cœurs
Aux derniers feux du jour comme à l'aube naissante.

Aujourd'hui, sur nos fronts rayonne l'allégresse,
Voyez-nous accourir, bon Père, à vos genoux,
Donnez-nous un sourire, et puis, bénissez-nous
Pour ajouter encore à notre douce ivresse.

COMPLIMENT A M. L'ABBÉ DE*** A L'OCCASION DE LA
PREMIÈRE COMMUNION.

Air : Elle a fui vers les Cieux.

C'en est fait, le Seigneur a comblé notre attente,
Les Anges accourus pour composer sa cour,
Entourant à l'envi sa majesté puissante
Soupiraient le bonheur de notre âme innocente
Au saint autel, au banquet de l'amour.

Notre cœur palpitant de désir, de tendresse,
Disputait son bonheur aux habitants des cieux,
Votre voix a parlé, l'éternelle Sagesse,
Oubliant en ce jour notre extrême faiblesse
Vint accomplir le plus cher de nos vœux.

Messagère du Ciel, c'est votre main bénie
Qui nous donna ce pain, force des voyageurs,
C'est elle à chaque instant de votre aimable vie
Qui conduit tous nos pas vers la sainte patrie,
C'est votre main qui nous mène au Seigneur.

Bon pasteur, nous verrons s'éclipser la lumière
Plutôt que d'oublier votre zèle pieux,
Nos cendres dormiront sous une froide pierre,
Mais nos cœurs en quittant cette vie éphémère
Vous béniront à jamais dans les cieux.

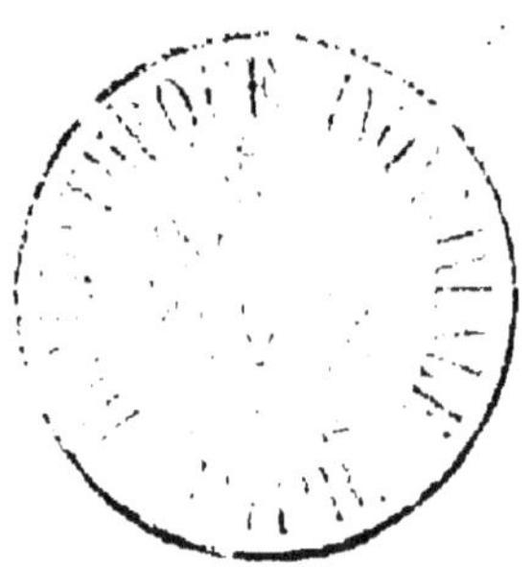

TABLE DES MATIÈRES.

POITIERS, IMPR. DE HENRI OUDIN.

J'ai lu ces deux petits drames, je n'y ai rien trouvé qui pût s'opposer à leur impression ; ils m'ont paru au contraire très-édifiants et très-propres à intéresser les enfants auxquels ils sont destinés.

Poitiers, le 18 juin 1858.

JEANNER,
Vicaire général, Doyen du chapitre

PROPRIÉTÉ.